pássaro raro
memórias de perda e amor

ANNA WHISTON-DONALDSON

pássaro raro
memórias de perda e amor

TRADUÇÃO: LEILA KOMMERS

Copyright © 2014 by Anna Whiston-Donaldson

Publicado originalmente por Convergent Books. Todas as citações bíblicas e paráfrases foram retiradas da Bíblia Sagrada, versão New International®, NIV®. Copyright © 1973, 1978, 1984 by Biblica Inc.™ Usado com permissão de Zondervan. Todos os direitos reservados. www.zondervan.com. Citações bíblicas com a indicação (esv) foram tiradas da Bíblia Sagrada, versão English Standard, copyright © 2001 by Crossway Bibles, uma divisão da Good News Publishers. Usado com permissão. Todos os direitos reservados.

Todas as citações bíblicas da edição brasileira foram retiradas da Bíblia Sagrada, Nova Versão Internacional, NVI. Todos os direitos reservados.

Os itálicos nas citações bíblicas foram adicionados pela autora como ênfase.

Alguns detalhes de algumas anedotas e histórias foram modificados para proteger a identidade dos personagens envolvidos.

Música "We Live" usada com a permissão de Alfred Music. Palavras e músicas de Jörgen Bo Fredriksson and Staffan Erik "Bosson" Olsson. Copyright © 2001 Warner/Chappell Music Scandinavia AB (Stim), M N W Music (Stim), and Emi Blackwood Music Inc. Todos os direitos em favor de Warner/Chappell Music Scandinavia AB and M N W Music administrado por WB Music Corp. Todos os direitos reservados.

Tradução para a Língua Portuguesa © 2015, LeYa Editora Ltda., Leila Kommers.
Título original: Rare Bird: a memoir of loss and love

Todos os direitos reservados e protegidos pela Lei 9.610, de 19.2.1998.
É proibida a reprodução total ou parcial sem a expressa anuência da editora.
Este livro foi revisado segundo o Novo Acordo Ortográfico da Língua Portuguesa.

Preparação: Alessandra Miranda de Sá
Revisão e Diagramação: agwm produções editoriais
Foto da página 237: Kim Jackson
Capa: Ideias com Peso

Dados Internacionais de Catalogação na Publicação (CIP)
Angélica Ilacqua CRB-8/7057

Whiston-Donaldson, Anna
    Pássaro raro : memórias de perda e amor / Anna Whiston-
-Donaldson ; tradução de Leila Kommers. – São Paulo : LeYa, 2015.
240 p.

ISBN 978-85-441-0228-2
Título original: Rare Bird: a memoir of loss and love

1. Memória autobiográfica 2. Luto 3. Mães 4. Religiosidade
I. Título II. Kommers, Leila

15-0463   CDD 920

Índices para catálogo sistemático:
1. Memória autobiográfica

Todos os direitos reservados à
LEYA EDITORA LTDA.
Rua Desembargador Paulo Passaláqua, 86
01248-010 – Pacaembu – São Paulo – SP
www.leya.com.br

Para Margaret e Tim.
Red, yellow, blue… I love you!

SUMÁRIO

PREFÁCIO DE GLENNON DOYLE MELTON	9
INTRODUÇÃO: VOCÊ É MAIS CORAJOSO DO QUE PENSA	13
I A TEMPESTADE	17
II IMPOSSÍVEL	89
III *AVIS RARA*	*145*
IV AMANHÃ E AMANHÃ	181
V NADA É IMPOSSÍVEL	207
EPÍLOGO: CORAÇÕES PLENOS	232
AGRADECIMENTOS	238

PREFÁCIO

Oro por Anna e sua família desde a morte de Jack, mas minhas orações talvez não sejam como você imagina. Minhas preces são menos do tipo "Ajude-os" e mais do "Ajude-os. E ajude-me a encontrar a força e a fé que eles têm. Ajude-me a ser *mãe* como Anna é. Ajude-me a *acreditar* como ela acredita. Ajude meu filho a saber o que o filho dela sabia. Ajude minhas filhas a confiar em Deus e a perseverar como a filha de Anna persevera".

A morte de Jack me deixou apavorada. Tinha tantos pensamentos egoístas, como: *Se isso aconteceu ao Jack da Anna, significa que pode acontecer com o meu Chase. Como eu conseguiria sobreviver longe do meu único filho?* No funeral de Jack, Anna começou a me ensinar que o amor é maior que o medo. Que, no fim, o Amor Vence. Mas fiquei me perguntando: poderia durar? A força e a esperança de Anna poderiam suportar a aflição dos dias, meses e anos vindouros sem Jack?

Depois de ler *Pássaro raro,* parei de pensar nisso. Ah, este livro! Anna conta a história de uma maneira natural, verdadeira, intensa e divertida. Seu tom é tão reconfortante e acessível que sua sabedoria, beleza e percepção vão tomando conta de tudo. E o texto de Anna *brilha*; ele possui uma espécie de *luminosidade*. Este livro me deixou sem fôlego, mas, quando o fechei, senti-me capaz de respirar mais fundo. *Pássaro raro* criou mais um espaço dentro de mim. Através do texto de Anna, meus medos mais profundos foram envoltos por um manto de paz. É verdade: nada — nem mesmo a morte — acaba com o amor entre uma mãe e um filho, ou o amor entre Deus Pai e Sua filha.

O funeral de Jack foi o mais brutal e belo acontecimento que se possa imaginar. O pastor disse que, em seus trinta anos de serviço, nunca vira sua igreja tão cheia. A maioria dos presentes — crianças, adultos, adolescentes, idosos — usava bótons com minúsculas cruzes feitas de Lego. Ficamos reunidos em silêncio, com os olhos vermelhos e lenços na mão, fazendo o máximo para nos conter diante da tristeza, confusão e raiva que ameaçavam nos engolir. Estávamos todos muito, muito desconsolados. E então, em pleno velório, testemunhamos um milagre. Anna levantou-se e, apenas alguns dias após a morte do filho, apresentou um tributo perfeito, divinamente inspirado e sem lágrimas, a Jack e ao poder da fé. Nunca tinha visto nada mais corajoso ou tão espetacular em toda a vida.

Anna não deixou que a morte a impedisse de homenagear o filho. Confiante em que Deus a ajudaria, ergueu-se e falou com ousadia, autenticidade e esperança, e sua voz não falhou uma única vez. Em meio à dor, ela provou ser verdadeira a crença de seu filho de que *nada é impossível com Deus*. A congregação testemunhou as Escrituras se tornando realidade. E precisávamos que as Escrituras se tornassem realidade, porque, após a morte de Jack, muitos de nós tivemos crise de fé. Muitos de nós havíamos passado os dias anteriores agitando os punhos furiosamente para Deus e, depois, duvidando da existência Dele. Muitos de nós fomos para aquele funeral com o mínimo de fé que já tivemos um dia. Fomos lá para consolar Anna, para *apoiá-la*, mas ela virou o jogo.

Quando a vi subir ali, forte, inabalável e repleta de graça, pensei: *Anna é uma Mãe com letra maiúscula. Estou testemunhando a essência, o poder transcendente da maternidade. Parece que, de alguma maneira, a morte de Jack não tirou de Anna seu papel de mãe, mas o intensificou. Multiplicou-o. Anna provou que nada pode nos separar do Amor do nosso Pai ou do Amor pelos nossos filhos.*

Anna foi mãe não só de Jack, mas de todos nós, no funeral. Ela *nos* confortou, fortaleceu *nossa* fé, ajudou-*nos* no seu pior momento. Não acho que Anna tenha programado fazer tudo isso. Acredito que apenas tenha *se recusado a desistir de ser mãe de seu filho*. Jack foi o milagre de Anna; assim, ela prestou um tributo a ele realizando um milagre em si mesma.

Nunca esquecerei esse milagre enquanto viver. Nunca esquecerei sua postura régia, a determinação, a mistura de ternura e fortaleza em seu rosto. Anna, parada ali no púlpito, será para sempre minha imagem mental de *Mãe*. Bem ao lado de Maria.

Qualquer um que necessite acreditar que o Deus dela é maior do que o medo que ela sente precisa ler este livro. Todos os que estão em busca de um tesouro em meio aos destroços da vida devem ler este livro. TODOS precisam ler *Pássaro raro*. Pretendo deixar exemplares na minha casa para ofertar a todos os que baterem à minha porta. *Pássaro raro* é uma obra-prima de esperança e amor, e da capacidade de recuperação e ferocidade do espírito humano.

Portanto, continue lendo, Pássaro afortunado.

Glennon Doyle Melton,
fundadora da Momastery.com

Introdução

Você é mais corajoso do que pensa

Eu achava que o primeiro livro que escreveria seria sobre pintura de móveis. Ele teria sugestões, técnicas e até mesmo versículos bíblicos inspiradores espalhados por suas páginas. Teria um passo a passo para que você pudesse realizar seu projeto com rapidez e começasse a usufruir dele imediatamente, porque a vida é muito curta, e quem sabe por quanto tempo a cor cáqui estará na moda? Eu diria que, da mesma forma que não vejo muita razão em me incomodar com a parte de trás do meu cabelo, pintar a parte de trás de uma penteadeira também é desnecessário. O livro seria simples, autêntico e engraçado.

Esse é o livro que achei que escreveria.

Mas este é o livro que escrevi. Queria não ter nada para dizer sobre perda, mas tenho. Porque, um dia como qualquer outro incentivei meus dois filhos a brincar na chuva e apenas um deles voltou para casa. Descobri, naquele momento, o que muitas outras pessoas já sabiam: que tudo pode virar uma droga num piscar de olhos. Tudo. Nossa família. Nosso futuro. Nossos sonhos. Até mesmo a nossa fé.

E me transformei de uma mãe comum, que escrevia bastante num blog sobre pintura de móveis, e um pouco sobre minha família e Deus, em alguém que já não conseguia reconhecer a própria vida. O ritmo simples dos meus antigos dias, indo para lá e para cá com meus filhos, ajudando-os a se transformarem nas pessoas que Deus criou para serem e tentando protegê-los de todos os tipos de perigo, parecia agora uma piada de mau gosto.

Minha nova história foi uma tragédia tão aterrorizante que, como pais, sentimos que colocamos algo em risco só de pensar nela, porque ela sussurra em nosso ouvido uma verdade que não queremos ouvir. De que não temos como manter nossos filhos em segurança. De que não sabemos o que nos espera no futuro. Queremos tapar os ouvidos, fechar os olhos e dar as costas ao horror dessa verdade.

E talvez seja como você está se sentindo neste momento — talvez sinta-se tentado a fugir deste livro. Entendo perfeitamente. Entendo, sim. Porque nos preocupamos. Na verdade, considero me preocupar minha tarefa principal e, no meu medo, uso a preocupação como um talismã para evitar o perigo e a dor.

Mas este não é um livro assustador. É apenas sobre a relação amorosa entre uma mãe e seu filho. É sobre encarar circunstâncias impossíveis e não aceitar que não haja uma chance de poder voltar no tempo. É sobre raiva e tristeza profundas, mas também sobre um lampejo de esperança que vem da percepção de que, em tempos de angústia, Deus está mais próximo de nós do que nossa própria pele. É sobre ser verdadeiro e demonstrar a dor.

É também sobre surpresas. Sobre as maneiras estranhas e criativas pelas quais Deus nos consola por meio de sinais e da natureza, de tal forma que anteriormente teria considerado coincidência ou desespero. É sobre mistério, por exemplo: por que Deus escolheria nos consolar pessoalmente em nossa dor, mas não fazer aquilo que queríamos que Ele fizesse em primeiro lugar, que é nos salvar da dor?

É sobre sacudidelas e sinais de alerta, e a sabedoria de um garotinho. É sobre como Deus e meu filho mostraram a mim — uma cristã reservada e seguidora de regras — que eu precisava de um Deus maior. Precisava do Deus do universo, que, de alguma forma, tinha um plano em Sua mão — um plano para o resto da minha vida, um plano que eu odiava — que ia muito além da minha pobre compreensão. Porque o meu Deus das regras, das reuniões de comitês, dos apontamentos sobre sermões e da música de louvor não seria suficiente para esta dor tão grande.

Este livro é, ainda, sobre questões tão espirituais quanto o céu e os anjos, e tão terrenas quanto tentar importar-se de novo com casamento, sexo e reciclagem, quando o simples fato de viver por mais um dia parecia ser pedir muito.

Portanto, é sobre contrastes. Sentir-se tão sozinha, mas de alguma maneira estar conectada com uma comunidade maior e com o mundo todo. Estar sendo coberta de graça, embora tendo de lutar contra uma amargura terrível. Sentir paz interior, quando qualquer idiota pode ver que sua vida está destruída. Precisar das pessoas mais do que nunca, mas sem saber se suas relações podem suportar a investida da tristeza.

É ainda sobre estar em parceria com meu filho para compartilhar a história de uma família comum cuja vida é mais do que seguir dia após dia e criar filhos bem-sucedidos, e cuja visão da vida após a morte é mais do que ir para algum lugar "logo ali", enquanto somos deixados para trás.

Ao vir comigo, enquanto me debato entre amor e perda, espero que você perceba que é mais corajoso do que imagina e que *é* possível sobreviver, mesmo quando as tempestades da vida nos conduzem a direções incertas e não desejadas, não importa se estejamos enfrentando a perda da saúde, de um relacionamento, de expectativas ou até mesmo dos nossos sonhos. E que, com Deus, podemos fazer o impossível, mas ainda assim honrar os pontos sensíveis onde a dor está entorpecida, mas nunca será esquecida.

Eu era apenas uma mãe com um pincel até perder Jack. Mas daria qualquer coisa neste mundo para trocar a sabedoria ou a compreensão que ganhei para tê-lo de volta. Eu achava que meu primeiro livro seria sobre amostras de cores e, depois, pensei que seria sobre a perda de nosso lindo filho. Mas agora acho que tem mais a ver com a história universal do que eu pensava. A história de uma mulher que sofreu uma desilusão profunda, esmagadora, cujos planos não deram certo, cujo coração foi partido pela vida, e que fica pensando se estará sozinha em sua dor.

I

A TEMPESTADE

UM

Jack e Margaret estão parados ao lado da mesa, em uma noite de primavera de 2011, olhando pela janela basculante da cozinha enquanto eu termino o jantar. É noite de *tacos*. Tim chegará em alguns minutos; depois, Margaret e eu iremos para o futebol, e ele e Jack, para o beisebol.

"Estão tentando voar!", exclama Margaret, e ela e Jack se aproximam mais da janela. Meus filhos observam três filhotes de cardeais ganharem força e habilidade para o voo.

Todo inverno e toda primavera seguimos, pela janela, "nosso bando" de pica-paus e cardeais, enquanto descansam nos arbustos, alimentam-se em nossos comedouros e nos divertem. Mas essa foi a primeira primavera que vimos um ninho nos arbustos e observamos os filhotes saindo do ovo, e agora aquilo.

Ontem, uma cobra negra avançou para o arbusto, em direção ao ninho onde estavam os filhotes que ainda não voam. Se os alcançasse, não teriam a menor chance. Em meio aos gritos das crianças, Tim saiu correndo pela porta e espantou a cobra com uma vassoura. Se esses pássaros conseguissem se ajudar mutuamente e aprendessem a voar em vez de continuarem sua pequena dança saltitante no caminho de tijolos, achávamos que teriam uma ótima chance de sobrevivência. Torcíamos por isso.

E hoje aconteceu. Um a um, os pássaros recém-plumados descobrem para que nasceram. O salto se transforma em algo totalmente diferente, e os pequenos pássaros levantam voo. Ficamos ofegantes diante da visão de um milagre.

Margaret, então com dez anos, aproxima-se do irmão e o abraça bem forte, deixando um dos braços descansar nas costas dele. Ele continua olhando pela janela e diz, balançando a cabeça de leve: "Eles crescem tão rápido". Solto uma risada, enquanto ambos ficam ali parados como pais orgulhosos, com Jack, aos doze anos, proferindo palavras que poderiam facilmente ter saído da minha boca.

Não que os doze anos sendo mãe desses dois tenham passado assim tão rápido. Na verdade, alguns dos dias mais difíceis e implacáveis não pareciam ter muito mais que apenas vinte e quatro horas. Como os vários em que Tim trabalhou sem parar — com suas funções em período integral e a faculdade de direito à noite — e durante os quais precisei descobrir como manter as crianças ocupadas e minha sanidade até a hora de dormir. Havia dias em que eu dava um jeito de manter Jack e Margaret distraídos tempo suficiente para conseguir ir ao banheiro sem ninguém no meu colo. Lá estava a adaptação de uma professora de inglês atarefada, que passava os olhos pelas manchetes da revista *People* enquanto esperava na fila do caixa de um mercado, tarde da noite.

Foram anos difíceis e bons. Tentei criar Jack e Margaret da maneira como fui criada, com muito riso, aceitação e paciência. Alguns dias eram um desastre; outros, pontuados com pequenas e preciosas vitórias. E a maternidade parecia ficar mais fácil conforme os anos iam passando. Quando as crianças tinham sete e nove anos, comecei a escrever em um blog sobre projetos econômicos de decoração e observações engraçadas sobre a vida familiar. Tinha a esperança de que um olhar honesto sobre nossa experiência pudesse incentivar outras mães e ajudar a formar uma comunidade.

Tim finalmente escolheu retroceder em sua cansativa carreira, preferindo o tempo com a família ao dinheiro. Tornou-se treinador do time de beisebol dos escoteiros e auxilia o grupo de jovens que havíamos criado na igreja. Comecei a trabalhar meio período como gerente da livraria da igreja depois de quase nove anos em casa, e descobrimos um novo ritmo que funcionava para nós, muito acontecendo do lado de lá desta janela, na mesma mesa de cozinha redonda da minha infância. De certa maneira, Jack tem razão; eles de fato crescem muito depressa, porque, embora os dias em si às vezes pareçam longos demais, fico perplexa ao perceber como chegamos aqui tão rapidamente.

Revisitarei esse momento da janela algumas semanas depois, no início de junho, quando chegar o momento de ler algo para Jack no seu jantar de formatura do primeiro ciclo do ensino fundamental, que cursou em uma pequena escola particular. Tim e eu ficaremos na frente dos amigos de Jack e seus pais em salão reservado de um restaurante, cada um de nós com uma mão em seu ombro. Olharemos bem no fundo de seus olhos castanhos. Contarei a história dos cardeais recém-emplumados, terminando com "Jack, ser seu pai e sua mãe é uma honra e um privilégio, e sabemos que está chegando o dia em que você voará por si mesmo. Quando as coisas ficarem difíceis, e elas ficarão, lembre-se deste versículo da Bíblia: *Pois nada é impossível para Deus*. Estamos orgulhosos de você, Jack, e o amamos muito". Ele abrirá um sorriso envergonhado e esperaremos que ele compreenda, compreenda de verdade, como estamos orgulhosos dele. Apertarei de leve seu ombro e o guiarei de volta aos nossos assentos.

Enquanto enrolamos a massa e mordemos nossos *grissinis*, não temos como saber que dali a três meses nosso filho estará de fato alçando voo por si próprio, não para a nova fase escolar e a independência promissora que idealizamos, e sim para algum lugar completamente diferente. E, em exatamente três meses, precisaríamos, mais do que nunca, nos agarrar a esse versículo bíblico em especial.

DOIS

A pequena foto quadrada em moldura branca tem orelhas. Nela, minha irmã e eu estamos no jardim, usando vestidos tipo jardineira dos anos 1970 e laços grandes prendendo as tranças francesas. Nosso irmão, John, usa um terno xadrez — de poliéster, é claro —, e o cabelo loiro, quase branco, está arrepiado como se tivesse acabado de sair da cama em uma manhã fria na Virgínia. Liz e John sorriem para a câmera. Quanto a mim, só meu perfil é visível, pois estou olhando de soslaio para a direita, observando o conteúdo das cestas de Páscoa dos meus irmãos.

Não me lembro do momento da foto em si, quando tinha provavelmente uns cinco anos, mas reconheço na hora a sensação de querer me assegurar de que as coisas foram justas. Da divisão das coisas. Do cuidado em distribuir com igualdade coelhos de chocolates e jujubas. Da tentativa de descobrir onde eu estava nessa ordem hierárquica.

Quando criança, eu era estudiosa e obediente, além de espirituosa, embora muito irritadiça. Tentava ser a melhor filha, aluna e cristã que conseguisse, sempre na esperança de ganhar alguns pontinhos. "Conversar com você é como conversar com um adulto", lembro-me de uma amiga me dizendo quando eu tinha em torno de onze anos. Tenho certeza de que não era um elogio.

Dezoito meses mais velha, Liz era minha nêmese. Inteligente, bonita e atlética. Parecia sempre despreocupada, e, para ela, as regras eram mais sugestões do que ordens. Isso me irritava. Não deveria ser recompensada por fazer tudo certo, e ela não deveria ser punida por... bem, por praticamente tudo? Não parecia justo. Eu ajudava em casa sem que me pedissem, mas fazia isso mais para provar como era boazinha que para aliviar o fardo da minha mãe. Liz, ao contrário, inventava qualquer coisa para escapar dessas tarefas. Como mais velho e único garoto, John se livrava da minha rivalidade e da minha ira ficando em silêncio, e às vezes me irritava ao me despentear ou quando ameaçava me dar um "cuecão".

Quando Liz fazia alguma coisa errada, eu a entregava bem rapidinho, achando que de alguma maneira isso me daria moral. Certa vez, cheguei a bater na porta do vizinho, um casal de idosos bem tranquilos, para dizer-lhes: "A Liz tira meleca do nariz e depois come!" Por alguma razão, eles me olharam com estranheza, e voltei para casa, confusa.

Queria viver em um mundo que fizesse sentido para mim, com linhas e gráficos elegantes, e registros de depósitos e retiradas. Mantinha bem arrumado o meu lado do quarto. Conseguia encontrar meus sapatos quando quisesse. Minhas folhas com os deveres de casa não tinham sequer um amassadinho. Não queria viver em um mundo onde coisas boas aconteciam a "pessoas más". E, na minha vidinha suburbana confortável do início dos anos 1980, pré-adolescente, com um corte de cabelo infeliz no estilo Dorothy Hamill e com uma irmã que, por algum motivo, parecia Farrah Fawcett, eu achava que sabia quem se encaixava perfeitamente na categoria "pessoa má".

Papai trabalhava sem parar naquela época, montando seu consultório dentário; assim, era mamãe quem determinava a rotina em nossa velha casa de fazenda, construída em um acre em meio a um loteamento de casas antigas de três andares. Era ela quem nos deixava fazer barricadas nas janelas e batalhas de bolas de tênis no quarto de John. Quem corria conosco para ver quem era o primeiro a mergulhar o dedo em um pote novinho de manteiga de amendoim Peter Pan. Quem sentava de pernas cruzadas no balcão da cozinha para nos ouvir contar sobre o nosso dia. Quem nos abraçava em seu peito aconchegante quando as palavras não bastavam. Quem nos aceitava, independentemente de qualquer coisa. Quem nos deixava brincar na chuva.

Era ela quem via minha luta constante e, certo dia, erguendo os olhos de uma revista na mesa da cozinha, disse: "Anna, você precisa relaxar. Você se desgasta muito". Sabia que ela tinha razão. Despender tanta energia tentando não cometer erros e obter favores era exaustivo, e isso não melhorava minha vida em nada, apenas a tornava mais estressante. Ela me ajudou a ser menos séria, a conter meu temperamento, a admitir falhas e a me concentrar em aproveitar a vida em vez de tentar garantir que tudo fosse justo.

Mamãe criou um lar amoroso, seguro e divertido. Sua fé firme em Deus nos mostrava que havia algo sólido em que confiar, algo que ultrapassava qualquer circunstância em que pudéssemos nos encontrar. Víamos isso no modo harmonioso como levava a vida que tinha.

Percebi que tinha uma existência toda para aprender com minha mãe. Mas, em um dia quente de maio, quando eu tinha dezoito anos e voltava para casa vinda da faculdade, percorri o longo corredor do hospital ouvindo-a gritar de dor. Ela havia sofrido uma hemorragia cerebral seis semanas antes, recuperara-se por completo em casa e agora voltava ao hospital porque o problema voltara a ocorrer. Tínhamos nos falado pelo telefone naquela manhã, rido e brincado, e ela me parecera normal. A visita daquele dia não era para ser nada de especial — levara alguns livros de arte para entretê-la e uma câmera para tirar fotos —, mas, quando entrei no quarto, ficou claro que ela tinha um problema sério. Estava tendo outra hemorragia. Peguei sua mão pequena e macia e orei em silêncio para que ficasse bem. Queria fazer algo, lutar por ela — a pessoa mais importante do meu mundo —, mas me sentia fraca, temerosa e vulnerável. Ainda segurava sua mão algumas horas depois, quando ela morreu.

A mulher que acalmava qualquer um e resolvia qualquer situação, que sabia empunhar uma chave de roda e fazer ligação direta em um carro, assim como tranquilizar minha mente ansiosa e me ajudar a aproveitar a vida, morreu diante de mim, e eu não sabia o que fazer.

Como poderia viver sem uma mãe, sem a *minha* mãe? Depois de passar mais alguns minutos ao lado de seu corpo, caminhei pelo corredor frio do hospital rumo ao estacionamento e vi meu reflexo nas paredes de vidro da área para fumantes. Era apenas uma garota comum vestindo uma camiseta de loja de surfe e uma saia jeans, prestes a sair do prédio como uma filha sem mãe.

Os interesses mesquinhos de minha juventude foram tirados de mim como se me arrancassem os olhos. Agora eu tinha uma resposta amarga para todo o esforço que havia empreendido na infância: a vida não era justa, nunca seria, e não havia nada que eu pudesse fazer com relação a isso.

Mantive esses sentimentos para mim. Não conseguia pensar em nenhuma outra opção, a não ser amarrar os cadarços do meu tênis K-Swiss e seguir em frente, apesar da dor, tentando viver uma vida boa que honrasse minha mãe e que, eu esperava, trouxesse minha própria família algum dia. Uma família para amar da mesma maneira franca e segura como ela havia nos amado.

Logo eu estava de volta à faculdade; enfim, conheci e me apaixonei por um estudante de biologia de cabelos escuros, em meio a caminhadas, programas de TV e jogos de sinuca. Não sei se era o privilégio de locações gratuitas de filmes, já que eu trabalhava meio período em uma locadora, meu cabelo com permanente ou meu *status* de "mulher mais velha" — seis meses a mais que ele — que fizeram Tim se sentir atraído por mim. Mas sei que achei sua personalidade gentil e seu comportamento estável irresistíveis. Também ajudou o fato de ser bonito e gostar de cozinhar. Ele era atencioso e me fazia sorrir. Tim e eu nos complementamos mutuamente desde o princípio, eu com minha personalidade mais extrovertida e sociável, e ele, mais quieto. E embora, de certa forma, eu parecesse o oposto dele, nós dois amávamos a ordem e a organização, e compartilhávamos das mesmas metas: trabalhar duro, viver a vida com integridade e constituir uma família. Cerca de cinco anos mais tarde estávamos casados.

Minha vida adulta não ficou muito diferente da minha infância. Tim, Jack, Margaret e eu vivíamos em uma rua sem saída, tranquila, a apenas cinco quilômetros da antiga fazenda onde nasci. A igreja presbiteriana onde minhas sementes de fé cresceram e floresceram era agora o centro de nossa vida espiritual e de nossas amizades; até meu trabalho era ali, no período em que as crianças estavam na escola. Fazia as compras com Elmer, o mesmo caixa de mercado que colocara as sacolas de papel no carrinho de minha mãe muitos anos atrás. Até a Shadow, nossa labradora brincalhona cor de chocolate, se parecia com os cachorros da minha infância.

E, embora eu tivesse viajado bastante na época da faculdade e gostasse do mundo fora da nossa cidade, não estava procurando agitação, drama ou aventura. Pelo contrário, ansiava pelos rituais simples e pelos laços familiares que tinha vivenciado quando criança e que apreciava ainda mais depois de adulta. Códigos secretos, piadas e algumas brincadeiras bobas, mesmo à mesa de jantar. A compreensão de que pessoas eram mais importantes que dinheiro, coisas ou sucesso. Passar o tempo juntos em uma varanda, brincando de decifrar charadas ou nos divertindo com as poças de água da chuva. Dar a uma criança suada um picolé em um dia absurdamente quente de julho. Cantar canções da escola dominical nas férias. Orar juntos todas as noites.

Baseando-me no exemplo da minha mãe, aprendi a relaxar o bastante para ser uma mãe divertida, ao mesmo tempo mantendo as regras e a estrutura que me faziam me sentir segura. Quando fui mãe aos vinte e nove anos, tinha a vida que queria, embora tivesse passado por muita dor e frustração ao descobrir que a vida não era fácil e que não estava em minhas mãos escolher o momento em que tudo poderia ir por água abaixo.

Mas talvez algumas lições precisem ser aprendidas mais de uma vez. Porque, em algum lugar lá no fundo, achava que perder minha mãe já bastava. Que eu tinha mais do que saldado minhas dívidas. Que ter escolhido abraçar uma vida positiva, em vez de me afundar em amargura e desespero, deveria ter valido alguma coisa. Bem lá no fundo, talvez ainda fosse aquela garotinha com a cesta de Páscoa, tentando controlar a divisão das coisas e assegurar que as coisas fossem justas.

TRÊS

Fico imaginando se eu deveria ter pressentido. Quando algo gigantesco está em andamento, há um tremor na terra, o ar fica diferente? Olho para trás procurando alguma pista nas minhas recordações daquele final de verão. E agora consigo ver: sinal após sinal. Só não percebi isso na hora.

Que tal quando as crianças voltaram do acampamento da igreja no final de julho e Margaret pediu a Deus que lhe mostrasse um versículo bíblico especial para guiar sua vida? Jack tinha descoberto Lucas 1:37 no quarto ano: "Pois nada é impossível para Deus". Não tenho certeza se ele o escolheu como favorito por ser curtinho ou porque lhe deu coragem nos desafios que enfrentou.

Quando Margaret orava em seu quarto, as palavras de *Isaías 43:1-2* vieram com clareza à sua mente. Isaías 43:1-2. O quê? Quem poderia imaginar que houvesse esses versículos na Bíblia? Ela os procurou na esperança de encontrar algo inspirador e útil para sua juventude, não algo assustador sobre exorcizar demônios nem grosseiro como circuncisão. Eis aqui o que ela encontrou:

> Não tema, pois eu o resgatei;
>> eu o chamei pelo nome; você é meu.
> Quando você atravessar as águas,
>> eu estarei com você;
> e quando você atravessar os rios,
>> eles não o encobrirão.
> Quando você andar através do fogo,
>> não se queimará;
>> as chamas não o deixarão em brasas.

Ela o escreveu em letra cursiva em um cartão bonito e depois o pendurou no seu espelho. Quando o mostrou para mim, ela disse: "Gosto desses versículos, mas agora estou preocupada. Parece que vou ter de passar por coisas realmente difíceis na vida, e não quero isso". Quanta sabedoria vinda de uma garota de dez anos! Disse a ela que todos passam por *algumas* coisas difíceis, mas que ela nunca as enfrentaria sozinha. Deus estaria a seu lado. Pensando na minha família sadia e em nossa vida simples e estável, era difícil imaginar Jack ou Margaret passando por algo mais dramático ou difícil do que velejar nos fins de semana de um belo verão.

Chegou, finalmente, o momento de nossa viagem anual para a praia, na Carolina do Norte, em agosto. Depois de seis horas no carro, paramos em uma pista de minigolfe que era decorada no estilo oeste selvagem. O minigolfe era o indício de que havíamos chegado à praia. A visita ao lugar no ano anterior tinha sido um desastre. O sol estava forte demais, impiedoso, fazendo o suor se acumular onde não devia. O brinquedo do pirata estava com defeito, alguns jogos foram desligados, e a convivência familiar beirava o insuportável. Quando chegamos ao buraco oito, estava prestes a fazer Tim, Margaret e Jack caminharem na prancha. Sentia-me aborrecida, inclusive comigo mesma. Queria ar-condicionado, chá gelado e um lugar privado para secar a região sob os meus seios.

Esse ano teve um início igualmente desfavorável. Margaret estava mal-humorada depois da longa viagem. Ficou reclamando de algo, enquanto pegávamos nossas coisas e saíamos do carro. *Crack*! Não sei como, mas ela conseguiu partir os óculos de sol de Tim em dois. Nós quatro ficamos parados ao lado do carro, trocando olhares. A dinâmica da nossa família era quase previsível. O rosto infantil de Jack desmoronaria. Ele apertaria os lábios de frustração, sabendo que não haveria mais minigolfe. Tim gritaria, e Margaret choraria e tentaria lhe repassar a culpa. Eu ficaria irritada com Tim por ser tão duro, com Margaret, por ser irresponsável, e com Jack, por ficar tão desapontado com o cancelamento do passeio. Ora, é só um minigolfe! Nós, pais, iríamos dramatizar o acontecimento: "Por que não podemos fazer algo divertido como pessoas normais?". Voltaríamos para o carro e viajaríamos o resto do trajeto até a casa de praia espumando em uma raiva silenciosa.

Porém, dessa vez foi assim: "Você vai me comprar óculos novos!" Tim resmungou, e Margaret disse: "Quanto custam?" Jack e eu prendemos a respiração, esperando ouvir algo do tipo "cinquenta dólares", seguido de um lamento estridente de Margaret. "Doze dólares", respondeu Tim com uma voz calma e sem nenhum lamento adicional. "Certo", disse ela, a voz calma, nem um pouco estridente. "Desculpe-me, papai."

E com isso trancamos o carro e fomos jogar golfe, surpreendendo a nós mesmos. Senti uma brisa fresca, que vinha da experiência renovadora de uma crise familiar evitada, ou talvez fosse um indício de que aquele seria um dia muito melhor para jogar. Rimos. Tim e eu não discutimos sobre nossa pontuação. Ninguém jogou longe uma bola, nem o lápis de madeira, e ninguém tropeçou também. Não precisei me esconder em um falso túnel malfeito, procurando ficar sozinha. Depois, Tim surgiu com copos de raspadinhas de limão bem caras em vez de dizer: "Vamos esperar e comprar sorvete no mercado".

Sentamos em um banco, as crianças balançando as pernas e mexendo a raspadinha com pequenas colheres de madeira. Jack disse em seu discurso rápido, mais bem compreendido pela família e pelos amigos mais chegados: "Vocês sabem que existem dois campos aqui. Fizemos o Ouro. Querem fazer o Platina agora?" Olhei para minha família. Sorrindo. Feliz. "Não vamos abusar", respondi. Ele me olhou e balançou a cabeça, abrindo um sorriso de sabedoria. Então, voltamos para o carro.

Começamos a passar as férias na praia com amigos quando as crianças tinham dois e quatro anos, e a cada verão ficava mais fácil e mais gostoso. Durante os primeiros anos, quando ficávamos em casas alugadas que não eram à prova de bebês, todo cabo solto de persiana, porta de vidro de correr que dava para o mar, e deque frágil e lascado pareciam uma armadilha mortífera. Alugamos casas com piscinas e banheiras que me aterrorizavam e me deixavam em alerta por causa dos nossos filhos e dos de nossos amigos. Acrescentem-se o choro, a alimentação exigente e a recorrente interrupção do sono, e, às vezes, ficávamos pensando por que nos incomodávamos em ir até lá, afinal. Parecia trabalhoso demais.

Agora, com crianças de dez e doze anos, podíamos relaxar e ficar sentados no deque observando-os nadar na piscina. Jogávamos carta e outros jogos à noite. O chato Candy Land deu passagem ao Banco Imobiliário, aos Colonizadores de Catan e ao Pictionary. A hora de dormir não era mais uma batalha, e conseguíamos sair para passar o dia todo fora, só nós quatro. Nossas férias na praia nunca foram dispendiosas — o motivo de sairmos em agosto era que o preço dos aluguéis caía muito —; eram, na verdade, uma maneira de criar lembranças que ficariam conosco pelo ano inteiro. Isso fortalecia meu senso de família, que tinha sido inevitavelmente interrompido e violado depois da morte da minha mãe.

Gostávamos de armar uma mesa extra para que Tim e Jack pudessem montar um quebra-cabeça durante a semana. Nesse ano, Jack teve a oportunidade de dormir no andar de baixo, em um quarto com beliches, com os dois outros garotos, filhos de nossos queridos amigos, mas, em vez disso, escolheu ficar lá em cima com Margaret. Esse era um de seus passatempos favoritos quando estávamos na praia, desde que Margaret deixara de dormir no berço. Ele contava a ela todo tipo de história na escuridão, sobre o que o interessasse no momento, não importando se fosse sobre trens, mitologia ou beisebol, e, depois, fazia-lhe perguntas a respeito do assunto, até que ela adormecesse no meio da brincadeira.

Não tinha certeza se seria estranho dormirem na mesma cama com essa idade, porque Jack já tinha se formado; então, coloquei um colchão inflável para ele, só por precaução. Os dois ficavam no quarto assistindo a *Little League World Series* e viam também um seriado chamado *Ghost Hunters* pela primeira vez. Naquela noite, depois das orações, Jack, de seu colchão no chão, começou a falar sobre o programa de fantasmas. Em segundos, Margaret estava apavorada e chorando, e Jack pulou na cama para confortá-la. Isso acabou com a questão de dormirem separados, e Jack ficou com ela na cama de casal durante toda as férias.

Ao longo de anos, achei que, por ser uma mãe que ficava em casa, a praia seria meu momento de relaxar longe das crianças porque Tim teria tempo de estar com elas. Fazia campanha para ficar em casa durante o dia, debaixo dos lençóis, empregando minha energia em uma deliciosa pilha de livros sobre a mesa de cabeceira, e levantando-me, de vez em quando, para ficar debaixo do guarda-sol, aplicar protetor solar nas crianças, supervisionar o horário de entrada na piscina ou saborear uma tigela de sorvete.

Tim estava sempre pronto para tudo, sendo conhecido como mestre construtor de castelos de areia, parceiro de sinuca, cavador de buracos e um empinador razoável de pipas. Ele trabalhava muito, mas, quando estava com os filhos, dedicava-se inteiramente a eles.

Às vezes eu me sentia meio mal por Tim ser tão criativo e divertido enquanto eu parecia pender mais para o cansaço e mau humor. Quando eram menores, ele os levava ao zoológico apenas com uma fralda e uma nota de dez dólares em uma mochila, e eles se divertiam muito. Eu levaria salgadinhos, protetor solar, vales-estacionamento, copinhos com tampa e mudas de roupa adequadas para aquele tipo de ambiente, e, tenho certeza, com bastante frequência, preferiria ficar em casa com eles e deixá-los correr, de roupa, pelos irrigadores. Ponderei que ele parecia estar mais em uma corrida de velocidade, deixando de lado todas as paradas durante os momentos em que podia estar com os filhos, e eu em uma maratona, tendo, portanto, que encontrar meu próprio ritmo.

Os filhos de nossos amigos adoravam *bodyboard* e brincar nas ondas, enquanto Jack e Margaret preferiam ficar na areia, indo até a beira da água apenas para encher um baldinho ou deixar que a espuma molhasse os pés. Jack, em especial, não gostava da força do mar. Era um garoto muito cauteloso. Nada o persuadia a entrar; portanto, paramos de insistir alguns anos antes. Parecia estranho que nosso local favorito de férias fosse a praia, considerando que nenhuma das crianças entrava na água. Mas eles adoravam cavar e construir na areia com Tim. Essas praias da Carolina do Norte eram conhecidas por terem correntes perigosas às vezes; sendo assim, ficava aliviada por ter uma coisa a menos com que me aborrecer. Nunca precisaria me preocupar com a ameaça de meus filhos serem carregados pela água.

A tarefa de verão de Jack para a escola cristã era ler e fazer anotações sobre *Oliver Twist*. Não de uma adaptação reduzida da obra, mas do livro completo. Sendo ex-professora de inglês do ensino médio, sabia que aquele era um desafio para a maioria dos alunos, tanto do ensino médio quanto da faculdade, quanto mais para um garoto de doze anos. Jack lia trechos esporadicamente, mas não com muita rapidez. Ele carregou aquele livro grosso por toda parte durante o verão, lendo um pouco aqui, outro tanto ali.

Na semana anterior à viagem para a praia, consegui a versão em áudio na biblioteca, que continha treze CDs, como material de apoio. Com poucos minutos ouvindo o CD no carro, Jack começou a rir de maneira incontrolável. No banco, ele segurava o peito com as mãos, que se estufava e baixava. Perguntei o que era tão engraçado. Ele mal conseguia falar: "Coloque de novo!". Soluço. "Coloque de novo!" Repetimos a parte em questão. Havia um personagem jovem, cujo nome é Charley Bates, chamado por quatro vezes seguidas de "Master Bates". Master Bates*. Prato cheio para um garoto de doze anos. O problema é que Margaret também estava no carro. Eu tinha uma explicação a dar. Momento didático, pensei. Depois disso, abandonamos o audiolivro para Jack ler em silêncio.

Tim ficou muito preocupado com o fato de que Jack talvez não conseguisse terminar o livro, devido ao seu ritmo lento e esporádico. Garanti a Tim que ele conseguiria. Isso me lembrou o fato de que alguns adultos não conseguem suportar o estresse de ver uma criança fazendo a dança do penico — pulando de um pé para outro —, obviamente precisando fazer xixi, mas se recusando a ir. A expectativa e a incerteza são demais para um observador suportar, e a pessoa começa a achar que deve se intrometer.

Observar Jack pegar o livro e nos garantir, languidamente, que tudo estava sob controle era pressão demais para Tim e seu desejo de consertar a situação. Em nossa dança da paternidade, eu era a favor das consequências naturais e de deixar que as crianças controlassem o próprio tempo. Tim era a favor de ficar em cima delas. Nós dois tendíamos a criá-las da maneira como fomos criados.

Achava que o fato de Tim ter colocado Jack para fazer exercícios de caligrafia durante o verão era mais microgestão do que precisávamos, por exemplo. Mas, quando chegamos à praia no final de agosto, percebi que Tim talvez tivesse razão. Jack ainda tinha muitas páginas pela frente.

Então, Jack e eu decidimos ler um para o outro durante a tarde, quando o sol ficava forte demais. Aconchegávamo-nos embaixo dos lençóis da cama *king size* da casa da praia, com a luz do sol penetrando pelas cortinas. Isso me fazia lembrar a minha agradável época escolar, quando minha mãe e eu íamos para a cama dos meus pais depois da igreja, aos domingos, ela em sua longa camisola e eu de vestido, e líamos o *Washington Post* lado a lado, até que uma de nós adormecesse.

Jack me entregou um pedaço de papel bem manuseado, onde fazia as anotações, abriu o livro e começou a ler para mim. Eu o interrompi algumas vezes para fazer-lhe perguntas, porque aquele livro era cheio de

---

* Master Bates equivaleria, em inglês, a *masturbate*, que, em português, significa masturbar-se. [N. E.]

intrigas e coincidências estranhas, e eu não queria que ele perdesse nada. Jack me sobrecarregou com as complexidades da história e, conforme conversávamos, ia ficando mais uma vez impressionada com ele. Jack era tão humilde que era fácil para mim esquecer que os tipos de conversa que tínhamos como mãe e filho provavelmente não eram nada corriqueiros. Era gostoso deixar os meus livros de lado e passar esse tempo com ele.

Quando Margaret quis uma pausa do sol, invocou seu direito divino de fazer compras. Eu a levei a um pequeno *outlet* e ela me ajudou a escolher meu primeiro sutiã novo em anos, para enfim aposentar os antigos que mais pareciam suportes atléticos gastos do que roupa íntima. Discutimos o tamanho do bojo, da alça e o crucial aspecto da armação. Depois, percorremos algumas lojinhas para ver caranguejos-ermitão, comprar *fudge* e ficar maravilhadas com a quantidade de chaveiros, plaquinhas e canetas personalizadas.

Certo dia, sentamo-nos na sala de estar da casa de praia, num momento de preguiça pré-jantar, e a casa balançou um pouco. Estava navegando no Facebook pelo celular e achei que Tim tivesse subido as escadas correndo. De repente, meu *feed* de notícias se encheu com uma palavra bizarra: *terremoto*. Esperávamos tempo ruim para aquela semana, tínhamos ouvido nos canais de meteorologia que talvez tivéssemos de evacuar o local devido a um iminente furacão no meio da semana, mas um terremoto? Na Carolina do Norte? Era estranho demais. Furacão? Terremoto? O que viria depois? Fiquei imaginando... Tsunami? As janelas que iam do chão ao teto deixavam entrar a luz do sol, e o mar parecia quase plácido. Ninguém na casa sentira nada. O que estava acontecendo?

Em alguns dias, Tim saía com as crianças de novo, à tardinha, quando o sol não estava mais tão forte, e eram os únicos que ficavam na praia. Raramente me unia a eles, mas naquele ano fui junto. Não sei por quê. Será que de alguma forma eu sabia que seria nossa última vez na praia como uma família de quatro pessoas?

Jack criou um jogo elaborado na areia que logo seria lavado pelo mar, desvanecendo-se, como as memórias do fim de nossas férias antes do começo das aulas. Ele e Margaret explicaram as regras para Tim e para mim, e todos brincamos, jogando torrões de areia na tentativa de tirar a "realeza" do topo dos enormes castelos. Não era fácil. Porém, em vez de me perder em meus próprios pensamentos, como normalmente faria, tentei deixar os pensamentos livres no esquecimento. Quando Jack atingiu um castelo, fez algo que chamava de "cambalhota da glória": saiu correndo pela praia, os braços para cima, e deu uma cambalhota na areia. Quando ele se perdeu no movimento, ficou mais para "cambalhota da vergonha". Na vitória ou na derrota, porém, seus cabelos e orelhas se encheram de areia, que grudou também no pescoço ligeiramente bronzeado.

As bochechas e o nariz de Margaret estavam rosados do sol, apesar dos nossos melhores esforços com o protetor solar, e ela saltitava na areia como uma bailarina, desafiando-me para uma corrida. Caminhamos de volta para casa com planos de jogar cartas e comer tudo o que tivesse no refrigerador. Tínhamos acabado de descobrir que teríamos de evacuar a área e ir para a Virgínia pela manhã.

QUATRO

No dia seguinte, o carro percorreu um longo caminho pela I-95 com o que parecia ser o resto do mundo: uma caravana de minivans e utilitários carregados de *coolers* e brinquedos de praia. Foi uma viagem lenta. Obedecemos às ordens de evacuação, mesmo que o lindo céu azul e a água quente do mar de final de verão parecessem contrariar a existência do furacão Irene. Tim desligou a estação de rádio que dava informações meteorológicas e conectou o celular. Jack lia seu livro. Eu olhava meu Facebook. Margaret mexia na minha câmera, tirando fotos e fazendo vídeos. Alguns dos meus vídeos caseiros favoritos eram clipes de dois, três segundos das crianças em atuações esquisitas no banco de trás, fazendo caretas e criando canções, ou um tirando sarro do outro.

Durante a viagem, ouvimos muitas vezes a palavra favorita de Jack nos últimos tempos: "traseiro". Ele colecionava palavras da mesma maneira que alguns o fazem com figurinhas de beisebol. A expressão desse verão parecia ser "Pode apostar!", dita com entusiasmo exagerado, um sorriso afetado e um sinal de positivo com o polegar, além de "traseiro" e "meu traseiro". Ele as resmungava baixinho ou as enfiava em um contexto onde absolutamente não se encaixavam. "Jack, você quer ir ao mercado?"

"Meu traseiro. Não, obrigado." Tudo bem. Margaret e eu achávamos aquilo hilário, mas esperávamos que ele desistisse dessa conduta antes do início das aulas, porque não acreditávamos que os professores seriam gentis com um "meu traseiro" como resposta geral às perguntas que fizessem.

Conversei com uma médica sobre a repetição de palavras de Jack há um ano, mais ou menos. Seria um problema? Ele precisava de ajuda para não repeti-las? "Não", disse ela. "Jack apenas gosta das palavras. Não foi sempre assim?" "Bem... foi." Na verdade, nos acostumamos com ele escolhendo algumas palavras como "goela", "pique" ou "traseiro" e dizendo-as em momentos esquisitos, até que ele e os amigos se cansassem delas e passassem para outras. Era apenas Jack sendo Jack.

E, agora, no banco de trás, Margaret baixou a câmera e encarou o irmão.

"Jack, você vai morrer jovem."

No banco da frente, Tim e eu mal registramos o que ela dizia. Seria uma de suas brincadeiras? Estariam gravando outro vídeo engraçado?

Jack ergueu os olhos do livro e perguntou: "Quando?"

"Com uns quinze anos."

Mais tarde, ela e eu conversaríamos sobre essa situação estranha, contando com as lembranças uma da outra para provar o que de fato tinha acontecido, e ela admitiria que havia acrescentado alguns anos; assim, o que tinha a dizer não pareceria tão terrível. Ela me contaria também que não fazia ideia de por que aquelas palavras tinham lhe vindo à mente. Jack a olhou por um segundo, murmurou: "Meu traseiro", e tirou o dedo de onde marcava o parágrafo, recomeçando a leitura.

Algumas horas depois, estacionamos na entrada de casa, e Daniel, o amigo de Jack, correu até o carro. Estava visitando o pai, que morava com os avós e o tio na casa ao lado, compartilhando conosco a mesma entrada. Quase uma semana separados fora demais para aqueles amigos, que tentavam passar juntos todo o tempo que podiam. Os garotos se conheciam desde que tinham quatro e dois anos, e adoravam jogar videogame ou os jogos que Jack inventava. Daniel saía conosco para as caminhadas em família ou quando comíamos fora. Um grande dia para Jack era o que ele chamava de "Dia do Daniel", ou seja, um dos frequentes dias em que Daniel estava no bairro.

Quando baixamos o vidro do carro, Daniel despejou algumas notícias em um discurso tão rápido quanto o de Jack: "Estou me mudando para cá! Estou me mudando para cá! Também vou na escola aqui!" Embora Daniel tenha sido uma presença constante em nossa vida por anos quando vinha visitar o pai, ele morava com a mãe a uns trinta minutos dali. Não tínhamos certeza do porquê dessa mudança para a casa dos avós e do pai, mas era mesmo uma grande notícia.

Os avós de Daniel eram como uma família para nós, o que era bom, porque vivíamos praticamente um em cima do outro. Nossa rua terminava em um típico balão de retorno, mas com uma entrada longa e estreita desviando para a direita. Nossas casas de dois andares ficavam de frente uma para a outra, bem na curva, separadas apenas por uma faixa de asfalto. Nos últimos oito anos, assistimos à vida um do outro se desenrolar através da garagem e das janelas da cozinha. Devido à entrada compartilhada para os carros, não havia uma delimitação real entre a nossa propriedade e a de Clark e Donna. Tínhamos uma relação tranquila e afável, de compartilhar enlatados e temperos, pegar a correspondência e o jornal um do outro, e ficarmos juntos na entrada nos dias agradáveis.

Clark e Donna tratavam minhas crianças como se fossem seus netos, comprando-lhes presentes e abraçando-os sempre. Chegavam até a levar nosso cachorro para passear enquanto eu trabalhava. Toda primavera, o jardim de Donna ficava cheio de tulipas que ela e Margaret tinham plantado juntas, quando Margaret mal havia saído das fraldas. Sempre que Donna cuidava dos netos, as crianças corriam de um lado para outro entre as duas casas durante o dia inteiro, chutando os calçados para cima ao entrar em cada uma das cozinhas, caso tivessem colocado algum, é claro.

Às vezes, Jack ficava tão empolgado em ver Daniel vindo até ele pela janela da cozinha durante o café da manhã que colocava as roupas por cima do pijama mesmo e saía correndo porta afora.

Agora, Jack e Margaret haviam saído do carro e corriam para se encontrar com Daniel e outros amigos no balão de retorno, e também rever os mosquitos da Virgínia, enquanto Tim e eu nos lançávamos na bem coreografada rotina de descarregar a bagagem. Nunca me sentia "em casa" até que toda a bagagem da viagem de férias estivesse guardada, e ficava pensando como menos de uma semana fora da cidade podia produzir tanta bagunça.

"Ouviu isso...?", perguntei a Tim quando nos inclinamos na parte traseira do carro, pegando as malas e as cestas com roupa suja.

"Ouviu o quê?"

"A novidade de Daniel?" Parecia que um quilo de chumbo tinha se armazenado na boca do meu estômago e algo forçava meus ombros em direção à terra.

"Sim", ele respondeu. Nossos olhos se encontraram, e seu olhar ficou sério.

Tentei suavizar um pouco o clima. "Isso *não* vai acabar bem", comentei com uma risadinha, enquanto descarregávamos as malas, usando a expressão que as crianças e eu reservávamos para acompanhar nossas aventuras fracassadas. Tive a sensação de que ter o parceiro de Jack, Daniel, por perto o tempo todo mudaria as coisas, mas não sabia exatamente como.

Algumas noites depois, o furacão enfim atingiu nossa região, embora com muito menos força do que previsto na praia. Fiquei preocupada e agitada. Passei a noite acordada na sala, por algum motivo inclinada a orar, especialmente para Jack, sua segurança, suas amizades e seu futuro. Por que não orava, por exemplo, para que as árvores enormes não atingissem nossa casa ou para que o porão não inundasse? Não tinha a mínima ideia. O dia seguinte amanheceu ensolarado e lindo, e não havia nenhum estrago na casa ou no quintal. Foi bom vermos toda aquela previsão chegar ao fim, depois de quase uma semana de alerta. A grande tempestade tinha ficado para trás.

A diversão da nossa rua continuou nos últimos dias de agosto, com bancas de vendas de limonada e bolo na esquina, para que as crianças do bairro arrecadassem dinheiro a fim de transformar o velho galpão de Clark e Donna em um clube. Em poucos dias, conseguiram o suficiente para comprar móveis usados e um pequeno refrigerador numa dessas lojas de segunda mão. As garotas começaram a chamar Jack de "Advogado", pois ele tentou atenuar um conflito entre Daniel, um novo garoto chamado Joe e as meninas.

Jack queria que todos se dessem bem, e não tinha certeza de onde se enquadrava nessa equação. Antes, sabia que seu lugar era sempre ao lado de Daniel, mas Daniel agora se unia a Joe para começarem um clube só deles no jardim deste último, e Jack não queria fazer parte desse plano. Era amigo de Margaret e de todas as outras garotas. Além disso, boas amigas quando se tem quatro anos podem ser tornar namoradas quando se tiver catorze, e Jack não queria irritar ninguém. As coisas desmoronavam, como costuma acontecer com as crianças. Estava contente que as aulas estivessem prestes a começar, assim o drama adolescente acabaria.

Enfim, chegou a última semana do verão. Quase podia sentir o cheiro de material escolar no ar, além do sabor da liberdade em ser novamente capaz de trabalhar um período inteiro na livraria sem ter que ficar imaginando o que fazer com as crianças. Jack começou a ter sérias dores de estômago. Deixei passar um ou dois dias. Ele foi às festas de piscina com os amigos de escola e comentou que doía quando nadava, corria e pulava do trampolim; então, decidi levá-lo ao médico. Achava que estava bem, mas e se o apêndice rompesse e eu não tivesse dado bola?

Uma equipe de três médicos examinou-o e descartou que fosse algo sério. Depois, reuniram-se com outros médicos e fizeram um exame minucioso em torno da barriga sensível de Jack. Poderia ser intestino?

"Não!" Jack foi inflexível, como se a mera sugestão de a dor estar relacionada ao cocô fosse uma afronta à sua dignidade de garoto de doze anos. Repulsivo. "Isso não tem nada a ver com cocô!", insistiu ele.

Tudo bem, então.

Um médico tentou uma abordagem diferente, perguntando com calma: "Poderia ser estresse?".

Jack respondeu com suavidade, baixando o olhar: "Sim".

Na cama, à noite, durante nosso momento de aconchego no escuro, perguntei a ele: "Está se sentindo estressado?".

"Sim."

"Com quê?"

Silêncio.

"É o Daniel e o Joe?"

"Ahã. Só não entendo o que está acontecendo." Mas eu entendia. Para mim, parecia um caso clássico de transferência de experiências e lealdade, estimulado pela mudança de Joe para o bairro alguns meses antes e pela de Daniel, que agora vivia em tempo integral ali havia duas semanas. Os dois jovens estudavam juntos, enquanto Jack estava mais adiantado. Daniel e Joe haviam ficado mais próximos enquanto nossa família estava na praia; assim, quando Jack voltou para casa, as coisas estavam diferentes, e ele sentia isso.

Passei pela mesma situação quando tinha a idade de Jack; na época minha amiga Kendra Peters parou de me ligar e me trocou por Cathy Simmons. Foi minha primeira desilusão, e ainda me lembrava da dor pungente. Não estava contente com o fato de Jack se sentir confuso e rejeitado, mas sabia que era de sua natureza retrair-se, não falar nada e ver como tudo se desdobraria. Ele não daria muita importância a isso. Ficaria bem.

Também sabia que, dentro de poucos dias, Jack estaria ocupado com o grupo de jovens da igreja, beisebol, e saindo com os amigos de escola. Isso traria o rompimento natural que Tim e eu prevíamos, uma transição para que Jack passasse mais tempo com amigos da mesma idade.

E, agora, graças a Deus, eu compreendia o medo que vinha sentindo desde que havia voltado da praia. Não era o furacão Irene. Não era o apêndice de Jack. Daniel tinha um novo amigo, e Jack sentia-se injustiçado. Estava aliviada por ser só isso. *Todas essas coisas vão passar*, pensei.

Naquelas últimas semanas de verão, Margaret fora inspirada por Deus a ler um lindo versículo bíblico sobre Sua proteção para com ela durante tribulações inacreditáveis, e havia aquela declaração bizarra no carro sobre Jack morrer jovem. Houvera também a sensação física, minha e de Tim, preocupados ao ouvir que o grande amigo de Jack se mudaria para a casa ao lado, e o próprio corpo de Jack acusando que algo estava errado. Porém, da mesma maneira que o terremoto não tinha causado praticamente nada a não ser curiosidade, e que o tão falado furacão havia passado por nós como nada além de um lamento, jamais previmos que essas coisas mínimas e esquisitas pudessem anunciar uma tragédia que mudaria para sempre nossa vida.

CINCO

O verão acabou. É o segundo dia de aula, e Jack e Margaret estão sentados à mesa fazendo a lição de casa à luz de velas. A luz se foi — deduzimos que devido à chuva forte —, e estávamos adorando. Falta de energia elétrica significa desconexão virtual em família para uma noite de jogos de tabuleiro, teatro de sombras fantasmagóricas e, a mais provável de todas as sugestões anteriores: comer montes de sorvete antes que derreta.

Voltar da escola de carro alguns minutos antes tinha sido uma aventura, enquanto seguíamos pelas ruas inundadas que pareciam um rio de leite com chocolate. Vimos nosso lago predileto transbordar. Tomamos uma rota diferente nessa volta para casa porque deduzimos que a estrada nas proximidades de nosso condomínio, que cruzava o pequeno leito de um córrego, provavelmente transbordara. Estava grata por ter um abrigo para o carro, porque nós três não tomamos uma gota de chuva sequer, enquanto levávamos mochilas e lancheiras para dentro de casa.

Comparado a todo o alarde do furacão, duas semanas atrás, essa chuva morna e sem vento não nos atingiu como uma ameaça. Mais tarde descobriria que nossos amigos que moram virando a esquina colocaram um toldo em um ônibus escolar para receber a garotada com *cupcakes*, e as crianças e as mães ficaram na rua conversando, rindo e ficando ensopados na chuva morna. Choveu sem parar por dias, acabando com a diversão do verão um pouco mais cedo para Margaret e Jack e deixando os campos de futebol e beisebol encharcados, sem poderem ser usados.

Estou aliviada porque o tempo nos permitiu voltar aos poucos para o ano letivo em vez de sermos atirados abruptamente à correria por toda a cidade. Não ouvimos falar nada sobre mudanças climáticas extremas nem inundações hoje. Somente quando saí do escritório sem janelas da igreja, para pegar as crianças na escola às três da tarde, é que vi que o clima representava perigo. Não é uma tempestade de raios, mas uma chuva forte e contínua que despenca do ar sufocante e úmido.

No carro, escutando Jack transcorrer sobre as melhores partes do seu dia, ouvimos ele usar a palavra quatro vezes. Margaret e eu trocamos olhares e sorrisos pelo espelho retrovisor, percebendo com satisfação que a palavra "traseiro" havia sido substituída por uma mais adequada à escola. Obrigada, Jack.

"Por que papai me levou à Legoland quando eu tinha doze e não treze?", pergunta Jack, do nada.

Dissemos às crianças que as levaríamos a um lugar especial quando fizessem treze anos, mas as milhas de viagem acumuladas, hospedagem e ingressos gratuitos viabilizaram a viagem de Tim e Jack para a Califórnia em março, para comemorar seu aniversário de doze anos. Jack queria muito ir à Legoland na Dinamarca, mas não era muito compatível com o nosso orçamento.

"Bem, economizamos muito dinheiro nessa viagem. Além disso, não queríamos esperar até que fizesse treze, caso não se interessasse mais por Legos", respondo.

"Mas eu nunca serei muito velho para Legos!", diz Jack, e eu acredito nele.

Margaret entra na conversa: "Bem, se for para ajudar a guardar dinheiro para a *minha* viagem, pra ela ser um arraso, pode esperar até eu fazer treze". Essas crianças me matam de rir.

Pouco antes de entrarmos em nosso bairro, Jack nos conta uma história engraçada sobre uma paródia que ele e seu amigo Davis criaram na escola. Uma paródia? Jack conseguia fazer piada onde quer que fosse, mas, por favor, diga que eles não interromperam a aula para apresentar uma paródia! Meus olhos se voltaram para o espelho de novo, enquanto eu bradava: "Jack!".

Não quero, de jeito nenhum, que meu filho inteligente e encantador comece a nova fase do seu ensino fundamental como um preguiçoso irresponsável. Tivemos muitas conversas comoventes antes de dormir durante todo o verão sobre como ele queria ser visto como mais sério, este ano, para que as atitudes dele estivessem de acordo com suas notas.

"Pare, mamãe, não!", essas palavras saíram apressadas, em resposta ao meu tom exasperado. "Não foi como você imagina. Foi no intervalo. Este vai ser o melhor ano de todos!

Sei que fala a verdade. Jack não só é carinhoso e dedicado, mas se sentia confortável com quem ele era — meu pedido principal nas orações, desde que era pequeno. Ele tem bons amigos e uma forte bússola moral, e está pronto para a liberdade e a responsabilidade que virão nessa nova fase escolar.

Nosso plano era fazer *nachos* para o lanche — feijão frito e queijo sobre um prato de batatas fritas —, mas não havia energia elétrica para o micro-ondas. Nada feito! Então, preparo fatias de maçãs com manteiga de amendoim, e conversamos sobre como a escola está ótima, principalmente sobre como Jack está empolgado com as aulas de inglês, ciências e as que falam da Bíblia. Margaret está empolgada com sua nova professora, e os dois estão excitados pelo reencontro com os amigos.

Depois do dever de casa, Jack brinca de esconde-esconde com Shadow, a nossa labradora, escondendo-se dela sob sua própria casinha, enquanto Margaret troca o uniforme da escola por uma camiseta amarela do Snoopy e shorts vermelhos de futebol, para então terminar o lanche. São quase cinco da tarde, mas está muito claro e agradável lá fora. Estamos secos e felizes, sem nenhum plano de mudar isso. Jack está frustrado por não poder fazer o *upload* da foto de uma de suas criações de Lego para entrar em um concurso, porque hoje é o prazo final. Sem eletricidade. Sem computador. Isso significa: sem concurso de Lego.

A chuva volta a ficar forte, e ouvimos uma batida à porta da cozinha. Daniel, Joe e uma amiga, Alexis, ensopados de caminhar na chuva do ponto de ônibus até em casa, perguntam se Jack e Margaret podem sair. Um rápido "Podem ir!" de minha parte, e meus filhos estão na rua. Não sei quantas vezes contei a eles sobre como eu e minha irmã, quando garotas, nos divertíamos loucamente pisando nos sulcos cheios de água de nosso quintal; o que sei é que contei. Queria nunca ter contado.

Minha última visão deles é de um grupo de cinco crianças felizes e ensopadas saindo pela entrada da casa rumo ao balão de retorno. Jack, ainda com o uniforme da escola, de camisa polo marinho e bermudas cáqui, braços para o alto, faz um rodopio completo com um enorme sorriso no rosto, a irmã ao seu lado.

Cansada depois do primeiro dia de trabalho após as férias, imagino quanto tempo vai levar para nos ajustarmos à nossa rotina de retorno às aulas: a ida, o trabalho árduo, as refeições, o dever de casa. Parece uma chatice comparada à liberdade do verão, embora tivesse ansiado por um retorno a essa estrutura e por mais tempo sozinha. Tiro as roupas de trabalho, me arrasto para baixo dos lençóis na minha cama e, sob a luz de um lampião, leio um artigo de revista sobre uma família que havia deixado uma vida opulenta para trás para viver em um *trailer* e ajudar os pobres, indo de cidade em cidade, por dois meses seguidos. Desejo esse tipo de significado e impacto para nossa família. Mas como?

O lema de nossa família é "As melhores coisas na vida não são coisas", mas, enquanto estou sentada à luz do lampião, fico imaginando como posso vivenciar isso de maneira mais significativa. Às vezes, sinto como se vivêssemos superficialmente, perdendo oportunidades de realmente fazer a diferença. Ficamos satisfeitos ao longo dos anos com o modo de sobrevivência ativado, apenas tentando lidar com bebês e crianças até a hora de dormir. Não podemos fazer algo mais significativo, ajudar o mundo e viver sem alguns confortos, sem matarmos uns aos outros nesse processo?

Provavelmente não, mas gosto de pensar que sim, e dobro a página para comentar durante o jantar. Imagino ouvir um trovão nesse momento. Sabe aquelas situações em que um pai ou uma mãe deixam algo se alongar por muito tempo, indo contra a própria opinião, mas se rendendo mesmo assim? Pode ser uma brincadeira qualquer com outras crianças, que rapidamente se transforma em uma encrenca quando seu filho tem um ataque de fúria colossal, só porque você precisava de um pouco mais de tempo de conversa adulta com outra mãe, ou uma festa à qual você sabe que não pode deixar sua filha ir, mas está cansada demais para lidar com o drama, as lágrimas e as discussões decorrentes de uma negativa.

Do mesmo modo, se é que ouço um trovão, não o *escuto*. Apenas o ignoro. Eu era conhecida como a "nazista do trovão" nos eventos esportivos, porque, quando tinha dezessete anos, uma amiga mais nova da igreja foi morta por um raio no próprio jardim. Não tinha paciência com treinadores da Little League, que queriam apenas "fechar o turno", quando todos ouvíamos um trovão. Não queria arriscar.

Falo com Tim no escritório e sugiro jantar fora, porque estamos sem luz e não temos nenhum treino esportivo. É raro ter uma noite de folga do beisebol. Mas por fim decidimos que o trânsito vai estar terrível e que vamos revirar a geladeira quando ele chegar, em vez de voltarmos tarde para casa em dia de semana. Assim, deixo as crianças ficarem na rua por mais tempo, até depois das seis. Afinal, está mais claro e mais agradável na rua do que dentro de casa.

Tim liga de novo, dessa vez da estrada, e diz que viu um raio. No mesmo instante, ouço um trovão e na hora vou atrás das crianças.

Se Jack tivesse um celular, enviaria uma mensagem para eles: "Trovão. Venham para casa". Mas evitamos comprar um para ele. Não temos certeza da real necessidade de um celular, pois ele vai e volta da escola de carro comigo e estuda no mesmo lugar desde o primeiro ano. Ele precisa mesmo de um telefone ou apenas deseja um? A avaliação de Jack de que "todo mundo na minha escola tem um celular" é o mesmo que "precisar" de um? Vamos reavaliar nossa posição quando as aulas estiverem em andamento e eu puder conversar com outras mães a esse respeito. Também precisamos lhe comprar novas cuecas e encontrar seu dicionário perdido.

Apesar da proximidade do balão de retorno, praticamente na entrada de casa, decido pegar o carro, assim não fico ensopada. O que é divertido quando se tem dez ou doze anos perde um pouco da graça aos quarenta e um. Quando chego ao balão de retorno, não vejo ninguém. Será que as crianças foram para a casa de Alexis ou de Joe? Olho mais adiante na rua e vejo Margaret caminhando lentamente em minha direção. Ela me contaria, mais tarde, que havia sentido uma vontade muito forte de voltar para casa. Chego mais perto, e ela entra no carro. Pergunto onde está Jack, e ela responde calmamente: "No quintal do Joe". Ela me conta que Alexis já foi para casa, então restaram apenas os garotos.

Não penso sequer por um segundo no pequeno riacho do bairro, apenas no perigo dos raios. Estaciono diante da casa de Joe e espero alguns segundos, pensando em que portão usar. Nunca estive na casa de Joe antes. Saio devagar do carro, praguejando por ter que sair na chuva.

SEIS

Quando chego à entrada da casa e chamo por Jack, a mãe de Joe inclina-se pela janela dos fundos, um andar acima de mim, e diz: "O Jack não está lá embaixo com eles". Lá embaixo? Não vejo nenhuma criança no quintal. Será que ela quer dizer o riacho do bairro, que chega até a parte inferior dos quintais deste lado da rua? Ela consegue ver as crianças de onde está?

"Jack *está* com eles. Margaret diz que está", respondo. Quem sabe quanto tempo essa conversa dura? Cinco segundos? Mais?

Ainda não consigo ver direito devido à inclinação do quintal, mas ouço a risada alta dos garotos se divertindo lá embaixo e apresso o passo pelos degraus de pedra construídos no quintal que levam ao bosque e ao riacho. Um riacho com margens íngremes, descendo mais de um metro e meio, até chegar a um solo arenoso e rochoso, que tem normalmente de dois a cinco centímetros de água parada. Quando chego lá embaixo, vejo apenas dois garotos, não três. Não entendo. Grito para Joe e Daniel: "Onde está Jack?", e eles respondem, rindo e apontando, "No rio! No rio!".

"No *rio*?" Meu Deus. Nosso riachinho é agora um rio imenso, com uma correnteza impetuosa percorrendo uma curva acentuada, e Jack não está ali! Os garotos não tinham noção da gravidade do fato. Não vejo nada rio abaixo, apenas água. Qual foi meu tempo de atraso? Um segundo? Dez? Um minuto? Não pode ter sido mais que isso. Estava tão perto! O que aconteceu ali enquanto eu conversava com a mãe de Joe no alto do morro? Por que ela havia dito que Jack não estava na casa dela? Isso queria dizer que ela tinha visto os garotos descerem até o riacho?

Não sei como sei, parada ali na margem, que Jack se foi para sempre. Como uma marcha pode ser mudada tão de repente, ao se chamar pelo filho numa tarde tranquila e perceber, horrorizada, que ele está morto ou agonizando? Imagino que os caminhões da Mack fariam barulho se tentassem mudar de marcha tão abruptamente, mas para mim é apenas um

46

grito silencioso, uma terrível constatação que atinge fisicamente meu corpo. Não sei como sei, naquele segundo, que Jack vai morrer, mas sei.

"Procurem por ele!", grito para os garotos, e saio correndo. Berro o nome de Jack enquanto corro pelo bosque seguindo a margem. Perco meus chinelos no matagal e tento segurar minhas calças de moletom enquanto luto com galhos e arbustos. Um passo em falso na margem e escorregarei pelo declive e serei levada pela água. Sinto que Jack já está morto. Que *ninguém* pode sobreviver ao que estou presenciando.

Aquilo não parece em nada com o tipo de riacho onde atiramos pedras para chapinhar, arregaçamos a barra das calças e entramos, ou apenas ao longo do qual observamos os insetos ou as folhas secas deslizando. Nada. Minha cabeça dói. Como posso ter saído de casa, chamando casualmente o nome do meu filho em seu perfeito estado de saúde, para que saia da chuva, e acabar assim, buscando desesperadamente por qualquer sinal dele? Sinto um desespero crescer dentro de mim. Quero sentar na grama e cobrir minha cabeça com as mãos. Mas é meu filho; então, meu monólogo sai mais ou menos assim: *"Não desista, Anna! Não desista. Jesus, AJUDE-ME. NÃO DESISTA!"*.

Sinceramente, não consigo ver como uma criança de trinta e cinco quilos poderia sobreviver, mesmo que por poucos aterrorizantes segundos, naquela correnteza — que, eu descobriria depois, havia carregado carros de uma tonelada pelas estradas. Esse minúsculo riacho era o mesmo que tinha inundado a rodovia que fica além do nosso bairro, três horas antes, e que, desde então, aumentava de volume a cada segundo. Jack não é um grande nadador, e não vejo mesmo como um atleta olímpico sobreviveria ao poder e à força que vejo à minha frente. Corro para outro quintal e grito para que uma amiga ligue para a polícia e peço a um vizinho que procure por Jack. Corro de volta para o carro. Não sei onde estão os outros dois garotos a essa altura.

"O que foi?", pergunta Margaret do banco de trás, a voz denotando pânico.

"Jack caiu no riacho!", grito. Ela começa a chorar na hora. Quero consolá-la e ajudá-la a não ter medo.

"Está tudo bem! Está tudo bem! Vamos encontrá-lo!", berro, enquanto tento, sem sucesso, manter a calma. Está claro para mim que, com a força da água, Jack já saiu das imediações, e sei, na minha alma, que devo ir à área inundada da estrada de duas vias, para onde vai essa água impetuosa. Sei que preciso chegar ao local próximo ao nosso bairro, por onde passamos na volta para casa. O riacho se estreita muito ali e vai ficando raso, onde há uma pequena ponte de madeira para pedestres e dois grandes canos de escoamento de metal que passam por sob o asfalto.

Saio apressada do bairro, dirigindo descalça, com Margaret no banco de trás. O trânsito, em um lado da estrada, está parado devido à inundação; assim, começo a dirigir na contramão, buzinando para os carros que vêm em sentido contrário, na esperança de chegar aonde sei que, de alguma maneira, vou encontrar Jack. Não vou muito longe, porque começo a ficar com medo. Passo a duvidar de mim mesma. Isso está mesmo acontecendo? E se alguém bater em nós? Se eu abandonar Margaret e o carro na estrada, para poder atravessar a ponte a pé, o que acontecerá com ela? Ela parece tão pequena e assustada! Meu comportamento parecia tão imprudente. Tão estranho.

Quase já fora das imediações do bairro, mas nem um pouco perto de onde acho que Jack estará, tomo a rápida decisão de voltar e dirigir pelo jardim de alguém, deixando sulcos profundos na grama. Meu modo ensandecido de guiar deixa Margaret ainda mais assustada, e grito de novo para ela: "Vai ficar tudo bem!" Minha voz soa brutal e desesperada. Um pensamento doentio toma minha mente: o de que estou fazendo uma *escolha*. Estou escolhendo o conforto e a segurança da filha aos meus cuidados e virando as costas para aquele que não consigo enxergar. Nada disso parece real.

Sinto que sei exatamente onde Jack está, mas não consigo chegar a ele. Será que sei mesmo? E *por que* eu saberia, se não consigo chegar lá e fazer algo a esse respeito? Voltamos e estacionamos na frente da casa de Joe. Chamo a polícia pelo meu telefone e fico furiosa quando a operadora me diz para me acalmar. Passo a odiá-la.

Quando deixo Margaret na casa da minha amiga Kristen, ao lado da casa de Joe, entrego a ela meu celular e digo: "Ligue para o papai." Ela liga e, angustiada demais para falar, entrega o aparelho a Kristen. Saio para aguardar a chegada da polícia.

Depois de dizer a Tim que Jack está desaparecido no riacho, minha amiga ora em silêncio, abraçando Margaret e dizendo repetidas vezes: "Eles vão encontrá-lo".

Tim ainda está vindo do trabalho, atrasado pelo trânsito e pela inundação, quando recebe a ligação. Liga imediatamente para o seu amigo John e pede orações da nossa congregação.

Ligar para a polícia e esperar pela chegada deles parece ser o certo a fazer, mas agora estou ali fora, parada, aguardando e imaginando se isso será suficiente. Por que não deixo o carro e corro até a ponte?

Nunca imaginei que demoraria tanto para que a equipe de resgate chegasse. Mas as estradas de toda a região, que estavam abertas há questão de uma hora, agora estão fechadas. A falta de energia elétrica é um tormento adicional ao pesadelo do trânsito, já que os semáforos estão desligados pela cidade inteira. As equipes de resgate estão sobrecarregadas de chamadas de emergência, pois há muitos motoristas que encalharam tentando atravessar as estradas inundadas.

Estou parada no jardim, na frente da casa do meu vizinho, quando o primeiro policial surge. Ele me pede uma descrição da roupa de Jack. Pergunta se ele poderia estar fingindo uma fuga e se escondendo. Respondo com calma, tentando ser o mais útil possível, mas fico me perguntando onde está o senso de urgência daquele homem. Ele se move devagar, parecendo não ter pressa de descer até o riacho. Há uma criança submersa lá neste momento! Meu filho.

Quando os paramédicos enfim chegam, abrem um mapa.

"Qual é o nome deste riacho?"

Ninguém sabe. Nosso riachinho de nada merece um nome?

Olho para minha vizinha Jenn, a mãe de Alexis, e balbucio as palavras que não consigo dizer à equipe de resgate:

"Alguém precisa entrar naquela maldita água!"

Ela balança a cabeça afirmativamente e me abraça. Enquanto aguardamos, os paramédicos comentam que aquela é uma enchente de proporções épicas, não vista há cerca de quinhentos ou mil anos. Não dou a mínima sobre a importância da enchente, sobre o fato de ser diferente de tudo já visto antes ou de nunca provavelmente vermos outra como aquela na vida — só quero encontrar Jack.

Mas, mesmo no caos, compreendo a improbabilidade de tudo o que está acontecendo. Uma enchente que ninguém esperava. A falta de energia elétrica do nosso lado da cidade, que obstruiu o trânsito e tirou as crianças de seus lares sem eletricidade para brincar na chuva. O clima quente, que fez a tarde parecer uma extensão abençoada das férias de verão. Um quintal cercado onde, por oito anos, meus filhos nunca, jamais, tinham brincado, e, assim, o fato de que levava a uma área especialmente perigosa do riacho estar completamente fora da minha atenção. Um riacho de bairro que era tão inofensivo para nós, que nunca chegamos a alertar nossos filhos a respeito de algum perigo. Pais, vizinhos e crianças que não deram importância aos trovões quando começaram a se manifestar repentinamente. Uma criança cautelosa que tinha medo de água corrente chegar muito perto da margem de um riacho e acabar dentro dele. Como as coisas acabam *assim*? Parece impossível. Não posso acreditar.

Enquanto estamos no jardim do vizinho, tento pedir à equipe de resgate que saiam do bairro e encontrem a pequena ponte, porque sinto no coração que é onde Jack está, embora nem sequer me lembre do nome da estrada em que moramos há oito anos para explicar o que isso quer dizer. Suspiro e aponto. Descobriria depois que é procedimento da equipe de resgate começar a busca por onde a pessoa cai, e não para onde a água flui.

Seguro a mão de Jenn e me ajoelho, praguejando e orando ao mesmo tempo, na grama do quintal da vizinha. A chuva está fraca agora. Os trovões cessaram. O clima está quase agradável. Ergo o olhar para as pessoas ao meu redor — adultos e crianças que conheço bem — e uno as palmas das minhas mãos. "Orem. Orem", murmuro para eles, sem conseguir falar alto.

Kristen coloca uma toalha de praia listrada ao redor dos meus ombros. Tem cheiro de bolor. Sinto-me péssima por observar esse pequeno detalhe quando Jack está preso e submerso em algum lugar. Não estou fazendo o suficiente. Sinto-me como um ator em um filme ruim, e estou estragando meu papel. Devo tirar minhas calças ensopadas para que possa correr livremente pelos bosques? Devo gritar e agitar os braços? Por que estou agindo com tanta calma? Sou uma mãe ou um robô?

Tim sai do carro e se aproxima de mim, chocado. Ele também não sabe o que fazer. "Devo descer lá?", pergunta ele, confuso.

"Sim. Vá." Como ele poderá me perdoar por isso?

Não volto ao riacho. Estou em silêncio. A polícia me pede que eu vá para casa e espere: "No caso de Jack aparecer". Pura besteira. Mas faço o que me pedem. Sou uma Donaldson. Não fazemos drama. Confiamos em especialistas. Gostamos da estrutura e da ordem para vivenciar o caos em momentos de dificuldade. Só que, até então, considerávamos que o caos fosse nosso horário atribulado e uma vida em família bem ativa.

Jenn levaria Margaret para casa alguns minutos depois, para sentar-se no meu colo na cozinha e depois esperar em seu quarto sem luz, na companhia de amigos, até termos mais informações. Não corro para a estrada, nem para a ponte, onde o encontrariam, duas horas depois, preso em meio a troncos enormes e destroços na escuridão de um cano escuro de escoamento. De onde o resgataram usando uma vara. Seu corpo percorreu quinhentos metros. Praticamente a extensão de cinco campos de futebol. Soube em segundos exatamente onde as águas turbulentas haviam arrebatado meu filho. Não sei como, mas soube. Só que não fui até lá. Não o encontrei. Não o salvei.

Estava perto. Bem perto, mas não o suficiente.

SETE

Permaneço em nossa cozinha escura com meus vizinhos. Fico me perguntando: colocamos algo assim no Facebook para que as pessoas orem ou isso é de mau gosto? Cerca de uma hora atrás, tinha postado: "Dever de casa à luz de velas. A casa num clima campestre — exceto por documentar cada movimento nosso no Facebook".

Agora, não tenho conexão, mas envio uma mensagem pelo celular aos meus amigos com estas palavras horríveis: "Jack foi arrastado no riacho. Presume-se estar morto. Orem". O quê? Ele está desaparecido há menos de uma hora e estou escrevendo "presume-se estar morto" sobre um garoto cauteloso de olhos castanhos que goza de perfeita saúde, nunca quebrou um osso nem precisou de pontos, e nem sequer passou por uma emergência de hospital? O que há de errado comigo? Ninguém me disse ainda que ele não pode ter sobrevivido. Estou orando para valer? A oração vai ajudar, quando sinto na minha alma que ele já se foi?

Não me lembro de ter ligado para minha irmã, Liz, que, desde o final de nossa adolescência, tem sido minha melhor amiga. Ela mora a cinco horas daqui e está no jogo de futebol do filho. Mais tarde, ela me contaria que perguntou: "Há quanto tempo ele já está na água?", e eu respondi: "Há muito tempo". Ela então entra no carro imediatamente e começa a dirigir, ligando para nossos parentes no caminho.

Envio uma mensagem para a mãe da melhor amiga de Margaret. Ela fica confusa, embora o mesmo riacho também passe pelo bairro dela. A água é algo tão inofensivo em nossa cidade que, mesmo em um dia de chuva, ela não ligou uma coisa com a outra. Deduz com a minha mensagem que Jack deve estar fora com Tim em alguma viagem com os escoteiros. Ela responde: "Não entendi. Com quem Jack está?".

Minha resposta: "Jesus". Ninguém ainda me disse nada, mas acho que já sei.

Jesus.

Sirvo queijo com biscoitos para uma amiga com hipoglicemia, pois sei que temos uma longa noite à nossa frente. Um único paramédico está parado à nossa porta, a chuva empoçada em sua capa de chuva. Sua tarefa é ficar com "a mãe" no caso de eu passar mal. Não fico sabendo disso no momento, é claro, ou que as mães na minha situação possam gritar ou ter um colapso, ou mesmo sofrer uma crise de nervos e ferir a si mesmas. Tudo o que faço é ficar em pé, depois sentar e esperar que cheguem as notícias.

Esse funcionário, que já presenciou aflições e tragédias com mais frequência do que a maioria nos seus vinte e um anos de carreira, me conta mais tarde que se sente impotente por não poder fazer parte da tentativa de resgate enquanto seus colegas buscam com desespero encontrar Jack. Mas mantém seu posto, esperando e me observando através do vidro da porta da cozinha. Em determinado momento, ele ouve Margaret, que está encolhida no meu colo, chorar: "Eu não quero ser filha única!", e o coração dele, o coração de um pai, parece se quebrar em pedacinhos.

Tim volta do riacho para esperar também, os sapatos de trabalho cobertos de lama pela tentativa de chegar mais perto da margem. De tentar fazer alguma coisa. Ele me diz que sabia que, se tentasse entrar na água para salvar Jack, certamente teria morrido. Sente-se impotente. Os sapatos ficariam junto à porta em uma sacola plástica por semanas, cheirando mal, enquanto Tim, de luto e transtornado, usaria as botas de caminhada para trabalhar.

Em algum momento, nós nos tornamos "A Mãe. O Pai. A Irmã". Será que são as nossas novas identidades? Será que Jack, com seus dons e talentos, e um futuro tão brilhante, ficará reduzido a "O Garoto do Riacho"?

Nas horas seguintes, as pessoas vêm e vão. Nossa pastora, Linda, chega, assim como o jovem pastor de uma nova igreja que é amigo de um dos nossos vizinhos. Os vizinhos que vestiram uma capa de chuva e estão caminhando no bosque, buscando algum sinal de Jack. Quando o jovem pastor estaciona o carro em nossa rua, ele coloca a cabeça para fora da janela e para alguém na calçada, onde as pessoas estavam reunidas. "Os nomes... Qual é o nome deles?", pergunta ele.

"Tim e Anna." E, assim, ele entrará voluntariamente na casa da dor, na esperança de que o Deus em que acredita possa, de alguma forma, suavizar essa situação terrível. Leva com ele apenas nosso primeiro nome e o livro de orações.

Meu pai e minha madrasta chegam com velas, lanternas e guarda-chuvas, e amigos da escola e da igreja vão para o quarto, ainda sem luz, de Margaret. O diretor da escola e outras pessoas estão a caminho, mas mais estradas fecharam. A tempestade, da qual nenhum de nós ouvira falar e que tinha tomado de surpresa toda a área de Washington, continuava.

A escuridão lá fora faz par com a da casa. E continuamos sentados. Vários policiais e um detetive entram. Tim, os policiais, o pastor e eu vamos até a sala para termos privacidade, longe dos amigos, que estão na cozinha. Essa é a sala onde nossa família se aconchega no sofá de couro para assistir a filmes, ficando sempre na mesma ordem: Margaret, Tim, Anna, Jack. Onde enfio o rosto no cabelo recém-lavado de Jack para sentir o aroma do xampu. Onde passo meus braços ao redor de seus ombros ossudos e não os solto, não importa quanto tempo dure o programa, movendo-me apenas para colocar os dedos de volta embaixo das cobertas quando eles escapam. Onde jogamos Detetive na noite passada, depois de um grande primeiro dia de escola, e ninguém ficou furioso, e rimos e fizemos graça, e fomos todos para a cama na hora. Onde as crianças lutam com o cachorro e dançam de pijama, extasiadas ao redor da árvore de Natal, todos os anos. Onde há um enorme quadro-negro emoldurado sobre a lareira em que se lê: "Família Donaldson, fundada em 1996". Uma pequena tela amarela apoiada ao lado acrescenta um "Tudo é possível", em anuência ao versículo bíblico predileto de Jack: "Pois nada é impossível para Deus".

Nada é impossível? Que tal o que está acontecendo agora com nossa família? A sala íntima parece sinistra e estranha; só existe a luminosidade das lanternas da polícia e a iluminação das velas. Na minha mente, desejo que os policiais não falem. *Não digam isso. Não ousem dizer isso! Vocês não nos conhecem! Não conhecem nosso filho! Não sabem nada sobre nossa família!*

Não quero ouvir o que eles vieram nos dizer, embora não tenha forças para detê-los. "Encontramos Jack, mas ele não sobreviveu. Sentimos muito em dizer que ele está morto." Morto? Tim solta um lamento que vem lá do fundo de seu ser. Parece primitivo e ancestral, como se estivesse guardado ali há séculos.

Seguro os ombros pesados dele e olho para os policiais. Eles não tomam nosso testemunho nem nos trazem nenhuma informação do que aconteceu no riacho. Não nos dizem onde as crianças brincavam ou como Jack acabou na água. Deduzo que isso virá mais tarde, mas mal consigo raciocinar nesse momento infernal. Eles nos dizem que haverá uma necrópsia e que poderemos ver o corpo no dia seguinte. Que sentem muito por não terem conseguido salvá-lo. Necrópsia? Corpo? Que tipo de universo alternativo insano é esse? Não podemos estar falando de Jack. Um policial entrega um cartão a Tim, que o pega — um movimento tão normal em uma circunstância tão anormal.

Começo a falar, olhando diretamente para os três policiais: "Estamos arrasados com o que estão nos dizendo, mas somos cristãos. Não sofremos como as outras pessoas, porque sabemos que nosso filho já está no céu". Hã? O que estou dizendo? Será que é uma tentativa débil de me convencer de que tudo ficará bem? Estou tentando impressionar o jovem pastor que está ao nosso lado agarrado no seu livro de orações? De quem são essas palavras? Olho para os policiais e fico imaginando qual deles precisa ouvir o que estou dizendo, porque sinto que me dirijo a um deles especificamente.

Não é a primeira vez que sinto um impulso desses, e não será a última. Sei que deve ser o Espírito de Deus me soprando as palavras a serem ditas. Mesmo nesse momento, estou, de alguma forma, ciente de que o que está acontecendo vai além de apenas uma história trágica de família; sendo assim, deixo o Espírito Santo falar através de mim, em nome de um propósito desconhecido. Mas, na verdade, tudo o que importa para mim é Jack. Exatamente trinta e cinco quilos de pele e osso, riso e coração.

Tim e eu nos abraçamos, e começo a soluçar, os policiais e o pastor próximos a nós. Não consigo parar de me lamentar em seu ombro úmido: "Desculpe, desculpe. Desculpe!" Quantas vezes digo isso? Vinte? Trinta? Nunca será o bastante, porque fui eu que deixei as crianças brincarem na chuva. Fui eu que passei doze anos me preocupando, protegendo e descobrindo todos os prováveis perigos que poderiam chegar até eles, desde amianto e tinta com chumbo até predadores sexuais, mordidas de carrapato, *bullying* e pornografia. E, mesmo assim, não havia sido o suficiente! Um de nossos bebês se fora.

Toda a vida de Tim fora relativamente destituída de preocupações, dor e desespero, e, apesar disso, agora ele está *assim*? Parece tão frágil neste momento! Como poderá sobreviver? Como poderemos sobreviver como família? Somos uma família ainda? Desculpe, desculpe.

Tim me diz que deveríamos ir para o quarto abraçar Margaret e depois lhe contar a notícia. Eu concordo; então, mandamos todo mundo para casa, exceto alguns amigos que ficariam esperando na cozinha até que Liz chegasse. A casa ainda está muito escura. Tim e eu subimos as escadas juntos e sentamos na cama de Margaret em seu quarto recém-pintado de azul-piscina. Passamos da fase de ficar sabendo da pior notícia imaginável à de ter que contá-la a uma menina de dez anos, assustada e vulnerável. Ficamos de mãos dadas e colocamos um braço ao redor de Margaret. Digo: "Margaret, eles encontraram Jack, mas ele está morto. Sentimos muito. Vamos cuidar de você, e tudo vai ficar bem". As palavras têm sabor amargo na minha boca. Como posso prometer qualquer coisa que seja, quando não consegui sequer manter Jack em segurança?

"Não! Não! Não! Não!", ela soluça, ofegante. Com os olhos arregalados de medo, ela balança a cabeça para a frente e para trás, como se quisesse expulsar um pensamento absurdo da mente. Tim a pega no colo, embala-a, e caminhamos pelo corredor e pelos poucos degraus que nos separam dos quartos das crianças. Como é estranho virar as costas para o quarto de Jack na hora de dormir e ir embora! Abraçados a Margaret em nossa cama, choramos os três.

Em um dia normal, começaria a rotina colocando Margaret na cama e passaria alguns minutos com ela lendo e orando. Ouviria Jack no banheiro do outro lado do *hall* escovando os dentes e batucando alguma música na bancada. "Ele é tão barulhento!", Margaret diria ao terminarmos nossas orações. Desligaríamos seu abajur, e ela já estaria quase adormecida quando eu puxasse a cordinha do ventilador de teto, fechasse a porta e fosse para o quarto de Jack, para nosso momento de aconchego.

Jack sempre me fazia ficar mais tempo, porque, como eu, era notívago. Tim teria terminado uma leitura religiosa ou algum trecho em voz alta de *O senhor dos anéis* com ele quando eu entrasse. Essa era a dança da hora de dormir e, depois de uma década, fazíamos isso quase no automático.

Mas como poderemos orar agora, nessa situação, quando os quartos das crianças estão vazios? Quando o irmão mais velho de Margaret, seu melhor amigo, herói, consolador, nunca mais subiria em sua cama? Nossas orações noturnas sempre começavam com: "Obrigado, Deus, por este dia". Mas *não* estamos gratos por este dia! Geralmente, centralizávamos as orações em pessoas que estavam doentes ou em nossos afilhados do outro lado do mundo, pelos quais, admito, sentia-me compadecida, porque não tinham os mesmos recursos e as vantagens de Jack e Margaret. Mas agora eles estão vivos, e Jack está morto. Sempre terminávamos com: "Deus, abençoe a mamãe, o papai, o Jack, a Margaret e a Shadow". Nada disso parece se enquadrar nessa noite, mas nos agarramos uns aos outros e dizemos as palavras de qualquer maneira.

Margaret diz algo, no escuro, que chega a ela como uma revelação: "Todas as vezes em que Jack e eu dissemos: 'Este é o pior dos dias!', não era verdade. *Este* é o pior de todos os dias". Ela tem razão. Depois que Margaret adormece, Tim e eu damos as mãos sobre o corpo dela e choramos ainda mais. Fico pensando em como Tim vai viver sem Jack, com quem ele jogava beisebol todas as noites. Com quem compartilhava sua humilde natureza e seu belo rosto. Será que ele enxergará Jack quando se olhar no espelho?

Juntos no escuro, não temos condições de saber como e se sobreviveremos. E não temos como saber que levará quase um ano para termos nossa cama de volta só para nós. Naquele momento, parece inconcebível pensar em nos separar daquela pequenina remanescente de nossa família em frangalhos, mesmo que por um momento, mesmo que dormindo. Precisamos ficar juntos.

A ironia da família na cama não passa despercebida a mim. Nós, que somos a favor da organização e de rotinas rígidas no horário de dormir, e de crianças nos próprios quartos com as portas fechadas. Nós, dos suspiros cansados de alívio quando Tim e eu conseguíamos enfim um horário só de adultos à noite para assistir à TV. Nós, que afundávamos juntos no sofá, mas sempre deixando a televisão no mudo quando ouvíamos Jack descendo a escada, só alguns minutos depois, para nos dizer: "Estou entediado" — um ritual noturno peculiar que me incomodava no início, mas que se tornou algo esperado, sempre terminando com um abraço extra e Jack voltando ao seu quarto.

Todas as noites eu passava por essa rotina do horário de dormir, com beijos e boas-noites, e conversas sérias no escuro, sabendo que veria Jack poucos minutos depois, quando ele faria sua declaração urgente: "Estou entediado. Já falei que estou entediado?" Essa noite, na esperança de me sentir próximo a ele, sussurro como uma lunática no escuro: "Estou entediada".

OITO

Imploro para dormir, mas não dormirei, porque estou com medo de sonhar com o trauma que Jack vivenciou no riacho. Quando ficou preso. Quando lutou. Quando ficou com medo. Quando o corpo dele passou a ser arrastado, e ele teve as roupas arrancadas, bateu nas árvores tombadas e nas pedras escondidas sob a água turbulenta. Quando morreu sem nós por perto. Quando se afogou. Afogar? Mal consigo formular na minha mente essa palavra horrorosa.

Antes de o sono chegar, fico repetindo na minha cabeça: *Jack está morto. Jack está morto. Jack está morto.* São as mesmas palavras, a mesma cadência que preencherá minha mente enquanto desço a rua de carro, com o limpador do para-brisa se movendo de um lado para o outro em mais uma quinta-feira chuvosa, ou empurro meu carrinho pelo mercado, tentando lembrar de como realizar algumas das tarefas mais mundanas e básicas da maternidade.

Nessa noite, testo essas palavras cruéis e desconhecidas, tentando me convencer da realidade inacreditável dos últimos acontecimentos. Não quero dormir até que consiga acreditar nelas. Não sei o que é pior: sonhar com o horror do acidente ou sonhar com Jack vivo, inteiro, e acordar para perceber que ele não vai voltar mais.

Acordo alguns minutos depois com o som da minha irmã soluçando no quarto de hóspedes, ao lado do de Jack. Ela chegou por volta da meia-noite, com os vizinhos e alguns amigos esperando por ela na cozinha escura. Subo lentamente a escada para encontrá-la, detendo-me no caminho no quarto vazio de Margaret, a porta escancarada. Menos de um mês antes, tinha passado a semana toda ali para surpreendê-la com uma reforma, antes de Tim e as crianças voltarem da visita aos avós em Connecticut.

A caminho de casa, no dia em que revelaria a reforma a Margaret, Jack encontrou no correio um jogo de Lego que havia pedido semanas antes. Ele segurava a caixa sob o braço enquanto mostrávamos o novo quarto a Margaret. Ela analisava cada detalhe, e ele a seguia, absorvendo tudo lentamente — a tinta, os móveis, o tapete que eu tinha feito de amostras grátis de carpete e fita vedante. Ele tocou a penteadeira, o abajur, a estante, e murmurou palavras de aprovação. Lembro-me de pensar, na época, como em tantas outras vezes, que Jack não fazia as coisas girarem em torno dele. Provavelmente mal podia esperar para abrir o pacote e dar início à própria diversão, mas ficou parado ao lado de Margaret, analisando cada maçaneta e toque especial que eu havia dado ao quarto, deixando-a curtir seu momento ou, quem sabe, deixando-me curtir o meu, mas ainda assim fazendo parte dele também.

Liz se aquietou. Então, em vez de ir ao quarto de hóspedes, entrei no quarto de Jack e me enfiei na cama dele, a textura dos lençóis de surfista tão conhecida depois de anos me aconchegando ali todas as noites. Era ali que tínhamos nossas conversas sobre amigos, sentimentos, Deus e sexo. Lembro-me de certa noite em que Jack estava determinado, já que não tinha educação sexual na escola, a não perder nenhuma das coisas que as outras crianças haviam aprendido. Dentro daquele quarto escuro, preenchi essa lacuna para que ele não ficasse para trás. "Conte tudo o que sabe, mamãe. Tem certeza de que não sabe de mais nada?" Fico pensando se ele conseguia notar meus sorrisos no escuro. Estava tão orgulhosa do meu menino e grata por ele conseguir falar desse assunto comigo.

Nossas conversas noturnas mais interessantes geralmente aconteciam logo após as viagens com os escoteiros, quando surgiam inúmeras palavras novas. Jack, como muitas outras crianças, percebia que, se fizesse perguntas interessantes na hora de dormir, a mãe morderia a isca e permaneceria mais tempo no quarto. Eu adorava isso. Depois, teríamos nossa despedida. Até que ele descesse as escadas e nos falasse que estava entediado.

Agora, deitada na cama dele, anseio pelo cheiro de Jack, pressionando meu rosto no seu travesseiro, levando meu braço ao lugar dele na cama estreita, onde eu o cobria confortavelmente até a metade do corpo. Tento imaginar a pressão que ele colocava no meu braço quando eu dizia que estava na hora de ir. Às vezes essa pressão me fazia ficar mais um pouco; outras, eu afastava os dedos dele, um por um, ansiando por um tempo para mim. E encerrava nosso tempo juntos com: "Eu te amo, Jack. Amo o jeito que Deus o criou. Sou muito feliz por você ser meu filho. Boa noite".

A hora de dormir também era quando eu recitava para ele o versículo de Jeremias 29:11. "'Porque sou eu que conheço os planos que tenho para vocês', diz o Senhor, 'planos de fazê-los prosperar e não de lhes causar dano, planos de dar-lhes esperança e um futuro'." Lembro-me de dizer isso a ele uma vez, provavelmente após um dia difícil, nossos rostos tão próximos que eu podia sentir, no escuro, uma lágrima escorrendo da face dele até a minha. Será que Jack sabia algo que eu não sabia? Será que Jack duvidava de que Deus tivesse um bom plano para ele? Será que Jack sabia que o plano de Deus significava ser arrebatado de uma família que o amava? Porque Jeremias 29:11, que nós, como tantos outros, usávamos como um tipo de promessa universal de que tudo acabaria bem, parecia com certeza uma grande besteira para mim agora.

Não consigo sentir o cheiro de Jack de jeito nenhum hoje, mesmo enterrando meu rosto em seu travesseiro, e, embora esteja em choque, estou bem consciente para me lembrar de que ele andava estressado e inquieto nas últimas noites e tinha escolhido dormir no quarto de hóspedes onde minha irmã está deitada agora. Será que Liz está sentindo o cheiro dele lá?

Por fim, desço a escada de novo e me sento no sofá da sala, agarrando a pequena lanterna rosa de Margaret, do grupo de escoteiras. Talvez seja melhor não dormir mais, com todo esse medo de ver Jack preso, surrado e machucado. Não pensamos em pedir para vê-lo depois de ter sido encontrado, e agora seu corpo está em algum lugar estranho, nu, gelado e sozinho.

Olho todas as mensagens no meu celular, pois meus amigos estão acordados, chorando e orando. Mais tarde descobriria como e quando cada um deles ficou sabendo sobre Jack. Como vomitaram, soluçaram, brigaram com Deus e abraçaram os próprios filhos com uma ferocidade assustadora. Como racionalizaram que não poderia ser o nosso Jack, porque ele era muito cauteloso. Como se agarraram à esperança de que a polícia havia liberado o nome errado à imprensa, pois tinham dito que o riacho ficava no quintal da "vítima". E eles sabiam que não tínhamos nenhum riacho atrás da nossa casa.

Mas nossos amigos acabaram descobrindo a verdade e precisaram se preparar para contar a seus filhos que Jack está morto. Não sei de nada disso essa noite; só tento respirar e obter algum consolo em saber que há pessoas acordadas comigo. O Facebook era uma maneira divertida de me reconectar com amigos de diferentes estágios da minha vida. Agora, tornava-se vital, para tentar impedir a solidão e o isolamento que ameaçam minha sobrevivência.

No feixe de luz da minha minúscula lanterna, vejo algo que me faz engolir em seco e rir alto. Fico pensando se Tim e Liz me ouvem e se descerão para descobrir o que está acontecendo. Na parede à minha frente, vejo uma enorme silhueta de uma cabeça, com cerca de noventa centímetros de largura e um metro e vinte de altura. Era Jack, sem sombra de dúvida. As bochechas, a pele rosada — nada parecida com a minha —, o formato da cabeça, a maneira distinta com que seu cabelo ficava espetado na frente e que chamávamos de sua "falha". Sempre adorei silhuetas, tanto que pedi à minha amiga Theresa que fizesse almofadas para essa sala com as silhuetas de Jack e Margaret. E agora a silhueta de Jack surgiu enorme na parede à minha frente, como se projetada em uma tela. Como eu adorava aquele rosto.

Algo estranho está acontecendo, como quando a polícia nos disse que Jack estava morto. Algo que não me dá conforto, porque somente ter Jack de volta em sua cama, lá em cima, em meio aos seus lençóis macios, cercado por Legos, rabiscos e bons livros, poderia fazer isso. Mas me faz sentir de novo, instantaneamente, a aproximação de algo espiritual, e que, por mais desolada e solitária que me sinta, não estou sozinha.

Seguro a lanterna na mesma posição o máximo de tempo que consigo, sem querer perder a imagem, esperando compartilhá-la com alguém. Tim desce pouco depois e eu mostro a ele minha "lanterna mágica". Ficamos sentados no sofá e choramos juntos de novo. Não me lembro se falamos alguma coisa. Pego um lenço da caixa à minha frente. E então a imagem muda. Minha "lanterna mágica" é apenas um feixe de luz brilhando em uma caixa de lenços. O lenço saindo dela tinha criado uma imagem na parede que parecia exatamente o contorno de Jack. E, agora que o usei, a sombra que ficou parece mais o Bart Simpson, ou talvez um galo, do que Jack Donaldson. Isso me faz rir de novo do absurdo da situação.

A energia retorna por volta das duas da manhã. Tim coloca meu celular para carregar na cozinha. Celulares estúpidos. Mais uma vez lamento por não ter comprado um para Jack. Achei que ele sempre estaria comigo, no Clark e na Donna, ou no balão de retorno. Ele nunca saía do condomínio sem nós, uma maneira muito distante do modo como fui criada nos anos 1970 e 1980, em que ia diariamente às lojas de conveniência comprar doces e Coca-Cola, andava sozinha no bosque, ia ao lago ou apenas explorava a região. As crianças estavam crescendo depressa, e achei que haveria bastante tempo mais tarde para celulares, liberdade e coisas de adolescente.

Se ele tivesse um celular, poderia estar vendo mensagens enviadas por ele a mim, provando que ele, nós, mãe e filho, Jack e mamãe, realmente existiam. Mas não tinha nenhuma mensagem. E se eu perdesse todas as lembranças que tenho dele, da mesma forma como o perdi? Dizemos "Fulano perdeu um filho", mas, meu Deus, eu realmente o PERDI. Ele estava bem ali às margens do riacho e, em seguida, não estava mais. Inacreditável.

A única mensagem de voz que tenho de Jack no celular era estranhamente premonitória. No início do verão, disse a ele que poderia brincar em duas casas no balão de retorno, mas, se as crianças mudassem de casa, ele teria que arranjar um celular e me avisar. Em vez de seu discurso habitual, apressado e murmurante, Jack diz de maneira bem clara e formal, embora melodiosa: "Alô? Aqui é o Jack. *Seu filho*. Estou saindo da casa do Joe e voltando para a casa do Daniel. Portanto, se procurar na casa do Joe, bem, com certeza não vai me encontrar ali! Adeus!".

Você está certo, Jack. Procurei na casa do Joe e não encontrei você lá. E agora tenho vontade de morrer.

Assim que Tim conecta meu celular ao carregador, uma imagem salta na tela. Não é a tela habitual com minha senha nem a barra para deslizar. Mas sim um versículo bíblico que a preenche por inteiro: Romanos 8:38-39.

> Pois estou convencido de que nem a morte nem a vida, nem os anjos nem os demônios, nem o presente nem o futuro, nem quaisquer poderes ou autoridades celestiais, nem altura nem profundidade, nem qualquer outra coisa na criação será capaz de nos separar do amor de Deus que está em Cristo Jesus, nosso Senhor.

Tim colocara um aplicativo da Bíblia no meu celular para Jack poder usar. Embora Jack fosse um aluno excelente, que fazia o dever de casa sem ninguém precisar insistir, a parte de memorizar a Bíblia era repleta de tensão. Ele queria recitar seus versículos para mim, e, não importava o que eu fizesse, não dava certo. Talvez acenasse muito com a cabeça, limpasse a garganta em um momento importuno, o corrigisse de mais ou de menos. Talvez fossem minhas expressões faciais que o irritavam.

Quando terminávamos a tarefa, Jack teria memorizado os versículos, mas estaríamos irritados um com o outro, furiosos com a professora por dar versículos tão longos como tarefa, e até mesmo aborrecidos com os escritores da Bíblia por usarem uma linguagem tão confusa. Disse a Jack que me recusava a trabalhar com ele nesses versículos de novo, porque tudo o que faziam era me irritar, e isso certamente não ajudava muito a introduzir o amor pela Palavra de Deus em nenhum de nós.

Tim colocou dois aplicativos da Bíblia no meu celular, assim, Jack poderia fazer seus testes e me deixar fora disso. Agora, quase quatro meses depois de Jack ter usado esse aplicativo pela última vez, esse belo e consolador versículo aparece na tela, apenas algumas horas depois de Jack ter sofrido uma morte violenta no riacho. Nada poderia nos separar do "amor de Deus que está em Cristo Jesus, nosso Senhor". Nada? Nem mesmo isso? Preciso acreditar que sim.

A silhueta na parede e o versículo no celular são os dois primeiros sinais de que Deus está bem ali, ao nosso lado, na dor. *É melhor que esteja*, penso. *Porque não vou conseguir se for de outra maneira.*

NOVE

No final da manhã, digo mais uma vez para mim mesma: *Jack está morto. Jack está morto*, só para o caso de algum pensamento mágico tomar conta de mim. Quero ter certeza de que não tentei mudar as coisas na minha cabeça, talvez imaginando ter chegado ao riacho um pouquinho antes ou, antes de tudo isso, nem mesmo me mudando para este bairro.

Por que quis uma casa maior? Por que uma família com crianças se muda para uma casa perto de um riacho? Por que *nós* não compramos uma casa com um riacho nos fundos do quintal? Assim, eu poderia ao menos alertar as crianças sobre o poder da água com o passar dos anos. Por que a companhia de energia elétrica não cortou os galhos que pairavam sobre os fios? E se eu só tivesse dito: "Fiquem em casa"? E se Tim tivesse chegado em casa mais cedo com uma pizza? E se eu não tivesse desistido tão cedo? Pela manhã, estava tentada a reescrever a história, alterando apenas uma minúscula parte dela, tornando-me assim mais atenta, mais eficiente ou corajosa, e desse modo obtendo resultados diferentes.

O mais enlouquecedor é o fato de que, mesmo com uma tempestade de proporções épicas, mesmo deixando as crianças brincarem lá fora na chuva, mesmo com um riacho transbordante, a história poderia ter terminado de maneira diferente, como já aconteceu com centenas de outras crianças em nossa região. Ficaria sabendo pelas mães, através de cartas e e-mails durante as próximas semanas, enquanto me asseguravam que eu não era a única a ter deixado os filhos brincarem na rua naquele dia horroroso. Escrever para mim é uma responsabilidade que carregam, porque os filhos delas voltaram para casa. A noite dessas famílias terminou com crianças encharcadas, felizes, despindo camisetas e bermudas, sentando-se para jantar, e depois tomando banho e indo para a cama.

Talvez eu possa incluir um portão trancado na história de Jack. A mãe de Joe inclinando-se na sua janela e dizendo: "Vocês não podem ir lá!"

Talvez eu possa enviar uma mensagem de texto ao Jack em seu celular não existente, dizendo: "Venha para casa".

Mas sei que todas essas estratégias e meus pensamentos não vão dar em nada; assim, para ter certeza de que estou vivendo no mundo real, repito mais uma vez a terrível verdade que ainda não se aquietou em meu coração nem na minha mente: "Jack está morto. Jack está morto". É como se eu falasse uma língua estranha, tentando descobrir como moldar minha boca para essas palavras bizarras.

Quando Jack e Margaret iam à fonoaudióloga na pré-escola, torciam a boca de formas engraçadas e repetiam as palavras da terapia tantas vezes: "aahh, aahh, uuuhhh", que elas não pareciam mais reais. Então, talvez dizer "Jack está morto" não ajudaria muito, afinal. Minha mente é um emaranhado de choque, tristeza e descrença. E sinto uma saudade tão grande de Jack, que digo a mim mesma que mais cinco minutos com ele bastariam. Por favor, me dê só mais cinco minutos! Quero abraçá-lo. Quero beijá-lo. Quero dizer adeus.

Toda essa encenação e rogação poderiam se transformar em um instante, com Jack descendo para a cozinha, para o café da manhã. Eu poderia enterrar meu rosto no cabelo dele e cheirá-lo, sabendo que tudo tinha sido um sonho bizarro. Poderia relaxar, entregar-lhe uma caixa de cereal e voltar para um lugar inocente de minha ignorância abençoada. Sempre achei que a negação era uma recusa para aceitar a verdade. Mas estou *tentando* acreditar que Jack está morto. Estou mesmo. Acho que, de certa maneira, até sei que é verdade, porque ele não está aqui conosco, mas estou desnorteada com como isso pôde acontecer. Isso é negação? Talvez *descrença* seja uma palavra melhor.

É ainda mais confuso, porque Jack não era um garoto do tipo impetuoso, e, quando as pessoas descreviam alguém como "competitivo", com certeza não se referiam a ele. Jack se sentia tão confortável com jogos de palavras, desenhos e quebra-cabeças quanto saltando de um trampolim ou correndo. A minha preocupação com ele era que alguém pudesse fazer algo para machucá-lo ou que ficasse doente, nunca que ele pudesse sofrer um acidente.

Quando pequeno, ele caminhava até o final do nosso quintal na entrada, e seus pezinhos não cruzavam uma linha imaginária ali. Quando nossos amigos descobriram que Tim e eu não batíamos nele, começaram a me testar: "Sim, mas e se Jack corresse para a rua ou se soltasse de você em um estacionamento ou uma loja? Você não bateria nele?"

"Hã... bem, não acho que isso vá acontecer", era minha resposta. E nunca aconteceu. Talvez eu fosse ingênua, mas ele era muito cauteloso.

Jack nunca se importava em evitar aventuras arriscadas, recusando-as com calma. Não gostava de montanhas-russas ou das ondas do mar. Foi o único garoto que nunca saltou do balanço de corda no barranco em nossos acampamentos. Até a irmã dele tinha experimentado. Ele não andava de bicicleta fora da vizinhança. Nem passeava de bote em Washington, DC. Nem gostava de *skate*. Nem fazia trilha de bicicleta. Ele me fez conversar com o diretor do acampamento de verão em julho para garantir que seu grupo não iria fazer *rafting* nem atividades radicais com as quais ele não se sentia confortável: "Me embrulha o estômago, mãe", explicou ele.

Jack vinha correndo para casa me contar quando alguns vizinhos brincavam com fósforos, e não ficava com vergonha de mim quando eu brigava com eles devido ao seu comportamento perigoso. Mesmo aos doze anos, nunca tinha me manipulado para se sentar no banco da frente no carro, sabendo que não tinha a altura mínima exigida. Claro que Jack adorava ficar na rua e a liberdade crescente que vinha obtendo por ficar mais velho. Ele adorava caminhar, explorar cavernas e subir em árvores. Esquiar com Tim era uma de suas atividades prediletas. Adorava beisebol, e tolerava futebol de campo e futebol americano. Portanto, Jack não era um preguiçoso; porém, não gostava de grandes riscos.

É tão difícil de compreender! Mesmo dali a um mês, Liz ligaria, já de volta à sua casa, sem conseguir controlar as lágrimas que sempre pareciam tão fáceis de aflorar naqueles dias, a dor e a descrença presentes em sua voz: "Não entendo. Se houvesse um garoto-propaganda para 'criança menos provável de ser arrastada em um riacho estúpido', Jack seria ele".

Amém, irmã. A colega de escola de Jack, Christy, me contaria depois que ela fingia que ele estava no banheiro durante as aulas. Entendo. Francamente, isso faz mais sentido para mim do que Jack se afogando.

Minha mente abalada nem sequer desejaria saber dos detalhes daqueles momentos finais, não pelos próximos meses. E, então, seria difícil reconstituir o que tinha acontecido no riacho. Será que as crianças estavam brincando?

Fazendo desafios? Onde estavam quando Jack perdeu o equilíbrio ou, por alguma razão inimaginável, deu um passo além da margem? Ele gritou? Estava com medo, ou a última expressão em seu rosto foi de riso e alegria?

Somente seis meses depois do acidente, eu ligaria para a policial que tinha escrito e assinado o relatório. Ela viria até minha casa, e eu diria a ela que Tim e eu estávamos prontos para ouvir os detalhes daquela noite. Por mais aterrorizante que fosse ter um oficial de uniforme em nossa casa de novo, eu o faria, porque é uma parte importante do luto. Imagino que haverá muita informação que evitei: fotos de onde as crianças estavam, estimativas da profundidade da água, entrevistas, linha do tempo. Mas, depois de a policial ler algumas frases, que relatam incorretamente que Jack brincava com apenas mais uma criança naquela noite, sem mencionar minha ida até o riacho, percebo que ela terminou. Pergunto-lhe com a voz entrecortada por que só havia isso no relatório.

Ela me responde: "Nosso trabalho não é tentar descobrir o que aconteceu; era ter certeza de que ninguém mais se machucaria". Tim e eu ficamos entorpecidos e calados com o choque de suas palavras. Jack não valia mais que isso?

Ficaria pensando, depois, se as outras famílias envolvidas no acidente teriam desejado que fossem coletados mais testemunhos de seus filhos naquela noite ou nos dias seguintes, quando as coisas ainda estivessem frescas. É como me sinto em relação a Margaret, cujo testemunho nunca foi coletado. De algum modo, se precisasse agora recontar a história à polícia, sua compreensão dos fatos já teria se dissipado.

Depois da infrutífera reunião com a policial, me daria conta de que ignorar como foram exatamente os segundos finais de Jack seria mais uma perda para mim e Tim, algo que jamais poderíamos compreender nesse primeiro dia terrível.

Portanto, aqui estou, no dia seguinte ao acidente, no canto do sofá, tentando assimilar que, de todas as crianças que brincavam lá fora, em nossa região, ontem, Jack foi o único que morreu. Que ele é notícia. Que não vai voltar para casa.

Fico repetindo na minha cabeça: *Jack? JACK? Mesmo?*

Mas talvez todas as mortes sejam assim: improváveis, estranhas, fora de hora, anormais. Talvez toda morte precise ser examinada, comentada em voz alta e ponderada interiormente para que possa parecer mais real. E, talvez, a incapacidade de compreender de uma só vez o que aconteceu seja uma pequena clemência. Talvez a parte do "Jack está morto" de nosso cérebro esteja congelada e precise ir derretendo aos poucos, com uma percepção de dor de cada vez, em vez de tudo ao mesmo tempo, para que não nos mate também.

A notícia da morte de Jack se espalha na sexta-feira. Todas as escolas estão fechadas devido à enchente, algo que nunca vivenciei quando estudante, professora ou mãe, morando aqui há mais de quarenta anos. Não somos uma cidade que possui questões preocupantes envolvendo a água. Existem lagos em alguns loteamentos e riachos insignificantes que percorrem os condomínios com bosques, atravessando campos de golfe, sendo um paraíso para girinos e mosquitos. As escolas não abriram mais tarde nem fecharam mais cedo ontem por causa do tempo, e não notei nenhuma informação significativa sobre inundações repentinas no *Washington Post* ou na rádio, enquanto levava as crianças para a escola. Nada. Agora, descubro a loucura que foi, com pessoas esperando por horas a volta para casa e alguns corajosos enfrentando a Route 50 inundada, uma estrada de quatro pistas com quatro mortes na nossa região. Jack foi a única criança a morrer.

Quando os alunos recém-chegados à segunda fase do ensino fundamental acordam para um feriado-surpresa em um lindo dia ensolarado, suas mães, de olhos inchados, entram no quarto para lhes dar a notícia. Os colegas de Jack, as respectivas mães e o diretor da escola logo se reúnem em uma casa para orar, rir e chorar. Quando ouço isso, meu primeiro pensamento é: *Jack adoraria se reunir com os amigos em um dia de folga!* Oh.

Alguém coloca uma cruz perto da estrada, fora do nosso condomínio, onde o corpo de Jack foi encontrado. Os vizinhos assumem a tarefa de conseguir comida e tentar manter as câmeras de TV afastadas. Nós nos sentimos vulneráveis e expostos com nossa janela da cozinha de frente para a entrada — um quadro de dor e miséria —, mas nunca havíamos precisado de cortinas, até agora. Nossos amigos rapidamente cobrem o vidro com papel pardo e fita adesiva.

Sento-me como um zumbi no braço do sofá, abraçando as pessoas, quando chegam para nos confortar. Tia Betty está aqui. Também meu irmão, John. Minha amiga Cindy, da igreja, vai digitalizar fotos de Jack para nós. Acho que é isso o que se faz. Ela se inclina para me abraçar e se ergue para abraçar Tim.

"Nunca deixe a gente", a voz dele sai abafada junto ao ombro dela.

"Não deixarei."

Como se qualquer um de nós pudesse fazer alguma promessa.

Suzie, minha amiga desde a faculdade, nos ajuda a escrever uma declaração para a imprensa que lhe passará as informações e também nos ajudará a manter certa privacidade:

> Na noite passada, perdemos nosso amado filho e irmão, Jack. Palavras não podem descrever nossa dor e tristeza. Jack era uma criança extraordinária, cheia de fé, inteligente e espirituosa, que amava sua família, e Deus acima de todas as coisas. Jack gostava de Legos, de atuar em peças e de beisebol. Adorava fazer os outros rirem e compartilhar com eles sua felicidade. Sentiremos sua falta eternamente. Agradecemos à comunidade suas orações e apoio.

Daniel e sua prima Lily são entrevistados por um repórter no balão de retorno. Mais repórteres deixam mensagens em nossa secretária eletrônica e entregam cartões de visita por intermédio dos vizinhos, que fecharam a entrada com pequenos cones de trânsito para tentar nos proteger. Não ousamos assistir aos noticiários, tão receosos que estamos em ver imagens aterrorizantes que possam ficar gravadas em nossa mente para sempre. Será que as pessoas viram seu corpo sendo encontrado e resgatado?

Alguém traz a correspondência. Há um carro Hot Wheels que Jack comprou na semana passada, um modelo especial que estava procurando. "Dê para o Daniel", digo a Tim. "É o que Jack teria desejado." Quantas vezes diremos essas palavras em nossa nova e terrível existência? Como Daniel, de apenas dez anos, aguentará olhar pela janela dos avós, todos os dias, para nossa casa, agora sem Jack?

"Acha que consegue comer alguma coisa?", pergunta minha madrasta, quando a manhã se transforma em tarde. Olho para o prato descartável com salpicão de frango e aceno que sim, mas não faço nenhum movimento para erguer o garfo. Minha mão está pesada, como se o trajeto do prato para a boca fosse extremamente longo. A ideia de qualquer comida, até mesmo água, faz meu estômago revirar.

Ainda estou sentada no braço do sofá. Os parentes chegam e vão. Alguns ficam à entrada ensolarada de nossa casa e conversam em voz baixa. Pensam em maneiras de ajudar, de satisfazer necessidades que nem sabemos ainda ter. Tim disse a Margaret que pediríamos doações em memória de Jack; então, ela está no computador, procurando instituições que tenham a ver com Legos ou lagostas, duas coisas que a fazem lembrar de Jack. Este é o primeiro dia da vida dela sem o irmão.

Os amigos a levam a uma loja de artesanato, para distraí-la, enquanto as pessoas continuam a chegar e a sair de nossa casa. Elas fazem camisetas, algumas com o nome de Jack adornado com asas de anjos brilhantes feitas com papel transfer e ferro de passar. A camiseta de Margaret é a mais discreta de todas, o que já é um indício, para mim, de que a dor dela será mais reservada, menos chamativa, enquanto tenta encontrar qualquer senso de normalidade naquela situação tão anormal. Fico pensando se o sol parece ter um brilho tão artificial para Margaret hoje quanto para mim. Será que ela se sente vulnerável saindo de nossa casa, mesmo dentro de uma minivan segura e conhecida de um amigo? Será que o mundo dela ficou diferente, estranho e assustador, agora?

Minha amiga Rebecca abre uma toalha de mesa vermelha para uma mesa extra. De onde veio isso? Eu me dou conta de que a comunidade está nos trazendo comida, pratos, utensílios e artigos descartáveis das próprias casas, para não nos incomodar de maneira alguma por mexer em gavetas e armários, ou ficar perguntando onde as coisas estão. Os pratos desaparecerão tão rapidamente quanto chegaram, descartados por mãos eficientes. Nossos amigos não esperam nenhum reconhecimento pelo esforço, apenas a oportunidade de fazer algo, qualquer coisa, para tentar amenizar um pouco uma situação imponderável. Eles me cumprimentam com abraços e sorrisos gentis, mas vejo o horror estampado em cada par de olhos.

Sei que deveria registrar quem está fazendo o quê. Mas não consigo; então, fico sentada. Uma vizinha com quatro filhos pequenos virá todos os dias para abastecer de gelo um enorme *cooler* — *cooler* de quem? — que fica com refrigerantes em nossa garagem.

Levo a mão para tocar um baú antigo ao meu lado. É onde guardo minhas toalhas de mesa. Estão todas ali. São brancas. Quase nunca as uso, porque odeio passá-las. Estão dobradas ao lado das bandeiras que colocamos na varanda da frente durante o ano. Páscoa, Dia dos Namorados, Natal, aniversários. A do Snoopy diz: "Viva, Ame, Sorria". Quero ajudar, dizer: "Sou uma mãe com toalhas de mesa e bandeirolas para festividades. Sou uma de vocês. Tenho uma lista de mercado na porta do armário. A maior parte dos potes plásticos tem tampas combinando".

Mas não consigo entrar no planejamento nem no serviço, tampouco na ajuda para realizar as coisas, porque sou *A Mãe*. Não posso ficar a par dos telefonemas e e-mails: "Ouviu?"; "Oh, Deus. Não!"; "O que eles vão fazer?"; "Como vão sobreviver?"; "Como posso ajudar?". Essas conversas são para a comunidade, para quem está nos auxiliando, que são muitos.

Eles terão que encontrar uma maneira de homenagear Jack e nos mostrar amor. Vão se sentar à mesa da cozinha, fazendo pequenas cruzes de Lego para todos usarem no funeral, na segunda-feira. Vão cozinhar. Escreverão nos blogs. Colocarão laços azul-royal em memória de Jack nas caixas de correio, em árvores, postes de luz e placas de "Pare" por toda a cidade; assim, poderemos vê-los ao dirigirmos, com o lugar de Jack vazio ao lado de Margaret.

Mais tarde, quando começarem a questionar Deus, para tentar dar sentido à insegurança aterrorizante que agora sentem pelo futuro, pela segurança dos próprios filhos, tampouco conseguirão compartilhar esse fato comigo. Não querem me sobrecarregar com as próprias dúvidas, com sua dor, com visitas a terapeutas e o sono irregular, quando ainda me encontro atordoada com a maior dor que nenhum de nós não pode sequer imaginar. Se é que existe imaginação para algo assim.

Levo a mão para tocar a gaveta cheia de toalhas de mesa sem uso. Quero ser parte da execução, da arrumação, do processo, mas não consigo. Meu papel aqui é diferente. Em vez disso, fico ali sentada, recebo atenção e me apego à crença ridícula, à pequenina luz tênue de que, de alguma forma inexplicável, tudo isso vai acabar bem. Lembro-me de sentir essa luz depois de minha mãe morrer. Uma pequenina esperança despontando. Mas este é o meu filho, um novo território; portanto, todas as apostas estão encerradas.

DEZ

Menos de vinte e quatro horas depois de ter deixado as crianças saírem para brincar, preciso ir à casa funerária, a única da cidade. Não suporto aquele lugar. Sinto-me coagida e tentada a resistir. Quero me sentar no chão da cozinha como um bebê irritado e transformar em espaguete minhas pernas trêmulas; assim, ninguém pode me forçar a ir até lá.

Há três semanas, estava nesse mesmo local para o funeral do pai de um amigo, o que me trouxe à tona as lembranças dolorosas de quando perdi minha mãe. Escolhi ajudar a arrumar a casa para uma recepção após o velório, em vez de seguir para o enterro. Comentei com uma amiga: "Não vou a cemitérios se puder evitar". Quanta insolência de minha parte! *Não VOU a cemitérios*? Não tenho muita escolha agora, não é mesmo?

Quando saímos de casa, Tim e eu avistamos um enorme pássaro castanho-amarelado circulando e descendo lentamente em direção à casa, descrevendo arcos graciosos contra o céu brilhante. É imenso, tão grande que me parece quase pré-histórico. Um falcão pode ser tão grande assim? Tenho um pensamento fugaz de que um pterodátilo poderia pousar em nosso gramado, na frente da casa, e nada nessa cena me pareceria tão insano quanto o que está acontecendo com minha família agora.

Meu irmão e minha irmã colocam a mim e a Tim na caminhonete do meu irmão e nos levam a menos de dois quilômetros dali, à casa funerária. Fica na via principal. A mesma via onde o corpo de Jack foi encontrado. Se virarmos à esquerda para sair do bairro, passaremos pelo local onde o corpo estava preso no cano de escoamento. Se pegarmos à direita? A casa funerária. São as únicas saídas.

Como vou fazer isso? Como vou fazer isso todos os dias? Ainda não considerei que, só de olhar pela janela da minha cozinha, verei um grupo de crianças sadias brincando sem Jack; brincando com os jogos que ele criou para elas. Que ficarei com inveja por estarem todas vivas enquanto Jack está morto. Que toda vez que sair da minha casa de carro passarei pelo local onde o acidente ocorreu. Que para levar Margaret à escola terei que passar pelo riacho e depois voltar por ali. Essas constatações surgiriam mais tarde, dolorosas e impiedosas como uma facada, pois precisaria encará-las repetidas vezes. As pessoas falam sobre os diferentes níveis de inferno. É disso que estão falando? Cada constatação que surge é mais terrível que a anterior?

Meu irmão, John, fica na caminhonete. Liz, Tim e eu subimos as escadas até uma sala da casa funerária, e tudo o que consigo pensar é que o corpo de Jack está em algum lugar. Tento não visualizar onde seu corpo passou a noite passada, longe de nós. Penso em como alguns vizinhos me achavam superprotetora quando sentava em nosso jardim e ficava olhando as crianças brincarem na entrada. Quando raramente as deixava dormir fora de casa. Quando monitorava o que podiam assistir na TV ou acessar no computador. Para mim, apenas não valia a pena correr riscos desnecessários. Nenhum deles. Mas agora as crianças dos meus vizinhos estão bem, e meu filho passou a noite em um refrigerador em algum lugar.

Sentamos nas cadeiras vitorianas e ouvimos o que a mulher tem a nos dizer. Tim e eu alcançamos a mão um do outro. Como tomaremos decisões sobre o funeral de Jack quando nosso cérebro parece ainda não ter absorvido o que aconteceu algumas horas antes? Poucas horas antes, deixei as crianças saírem para brincar, e agora precisamos decidir sobre cremar ou enterrar, e pensar o que escrever no obituário.

Lembro-me da nossa "Lista de coisas para fazer no verão" pendurada na geladeira, embora o verão já tenha acabado. Todos os anos escrevemos o que queremos fazer em família. "Subir no Monumento a Washington." Feito. Fizemos isso pouco antes de o estranho terremoto de agosto interditá-lo por tempo indefinido. "Passar a noite em um hotel." Feito. "Assistir ao filme *Transformers*." Feito. Nada gigantesco nem sofisticado, apenas uma lista simples e familiar, para tentarmos curtir ao máximo o nosso tempo juntos.

Os dois últimos itens não foram realizados. "Receber visitas." Esse era de Jack. Ele adorava receber visitas. E agora nossa casa está cheia de familiares e amigos que nos amam, mas isso conta sem a presença de Jack? O último item, adicionado por mim e Margaret, ficou em aberto, porque Jack achou muito arriscado: "Fazer *rafting*".

Estamos chocados. Chocados. É a única maneira de descrever como nos sentimos. Jack brincava de rodopiar na entrada de casa na chuva. E agora está morto? Estamos em uma casa funerária? Que absurdo!

Jack não está na casa de um amigo. Não está em um acampamento. Não está na escola. Está morto. Movimento minha cabeça devagar, de um lado para outro, e pisco algumas vezes, como se tentasse me livrar de uma névoa que tivesse descido sobre o rosto. Estou tentando clarear a mente e voltar ao que é racional e real.

Descobrimos que morrer muito perto de um fim de semana e fazer o funeral em uma segunda-feira — quando decidi isso? — gera certa correria. Escrevemos rapidamente um obituário antes do encerramento do jornal do fim de semana. Ninguém fala em incluir uma foto. Quando voltasse para casa me preocuparia com isso, desejando que toda a região pudesse ver o rosto jovem de Jack chamando a atenção entre os idosos mortos na seção de obituários do *Washington Post*. Porém, haveria um artigo na primeira página e uma foto nas páginas internas. Ótimo. Está tudo errado, e quero que as pessoas vejam isso. Assinamos a certidão de óbito.

A mulher pergunta se queremos ver Jack. Sinto-me mal. Fico imaginando se somos pais terríveis por não insistirmos em vê-lo depois da noite fatídica. Tocar seu corpo nu, devastado. Tinha sido uma opção? Isso nem mesmo nos ocorreu enquanto estávamos sentados obedientemente em nossa casa sem iluminação. E agora nem sequer temos certeza de que queremos vê-lo. A perspectiva parece assustadora, e precisamos decidir agora.

Liz corajosamente diz que vai primeiro e nos dirá o que acha. Ela não é uma observadora impassível. É a Tia. Foi quem cortou o cordão umbilical quando Tim, com lágrimas nos olhos, viu o brilho da tesoura e recuou, com medo de acabar machucando o pequeno recém-nascido Jack. Liz era alguém com quem o sobrinho sempre podia contar. Vira o garoto Jack vir ao mundo e agora seria a corajosa testemunha da aparência de seu corpo quando havia nos deixado.

Liz retorna, trêmula, mas resoluta. Como foi para ela, sozinha na sala com ele? "Ele tem alguns ferimentos, mas acho que deveriam fazer isso", diz. Ela acha que nos ajudará a realmente entender que Jack está morto.

Compreendo. Fiquei ao lado de minha mãe quando ela deu o último suspiro, mas Liz e nosso irmão, John, nunca puderam ver seu corpo. Não havia nada além de um caixão fechado no funeral dela. Descobrimos, mais tarde, que meus avós pediram à igreja alguns minutos antes para abrir o caixão, porque queriam vê-la antes de ser enterrada. Precisavam entender de alguma maneira que a filha cheia de vida estava morta com apenas quarenta e seis anos de idade.

Sei que ver um corpo pode ser importante. Mas o corpo de *Jack*? Oh, meu lindo garotinho! Não sei se consigo. Suas mãos! Verei suas mãos incríveis e criativas com seus dedos longos? As mãos que construíram Legos, rabiscaram e pintaram? Em que condição ele estaria? E Margaret? Deveríamos tê-la trazido? Descobriríamos mais tarde que ela havia se convencido de que Jack fora abduzido por um estranho, o que parecia mais plausível à sua jovem mente do que ele se aproximando da margem de um riacho e sendo arrastado pela correnteza. Mas e se ver o corpo de Jack a deixasse horrorizada e assombrada? Já não tinha passado o suficiente? Preciso de tempo para pensar. Mas não há tempo.

Tim e eu entramos na pequena sala. Jack está na mesa, coberto até o pescoço por um lençol. O corte de cabelo de dois dias atrás está perfeito. O belo rosto está arranhado e machucado, mas ainda é Jack, com os lábios grossos e cílios incrivelmente longos. Sei que deveria tocá-lo. Abraçá-lo. Segurar a mão magra, como fiz todos os dias de sua vida, roçar meus lábios em sua bochecha macia e aveludada. Isso pode ser parte importante do processo. Mas minha mente é uma confusão dolorosa.

O que está acontecendo debaixo daquele lençol? E se estiver até em cima para cobrir algo medonho demais para ser imaginado? Seu corpo está intacto? Quem machucou meu garotinho? Que diabos está acontecendo? Ouço um grito surgindo de dentro de mim. Tim murmura algo que não entendo. Levo a mão para tocar Jack, mas só consigo me forçar a colocar meus dedos, um de cada vez, em seu lindo cabelo — um toque estranho, hesitante, não o toque amoroso de uma mãe. O cabelo está frio, muito frio. Cambaleio até a porta, uma porta lateral pela qual passo todos os dias no meu caminho para a cidade, e ela me lança à luz do sol na calçada ao lado da rua. Não sei se Tim me seguirá ou onde estão meu irmão e minha irmã.

Ergo o olhar e vejo uma repórter, parada em uma loja do outro lado da rua, perfeitamente arrumada e falando com a câmera. Só preciso de um segundo para registrar o que está fazendo ali: Jack. Crianças não morrem em Vienna todos os dias. Jack é notícia. Sinto-me como uma presa, enfraquecida e ferida, um alvo fácil de ser perseguido e encurralado. Fecho o agasalho verde de Jack com mais força ao meu redor e me sinto encolher enquanto sigo pelo meio-fio, fora da visão da câmera.

É oficial. Jack está morto. Quero morrer também. De volta à caminhonete, não consigo parar de gritar com uma voz desconhecida: "Foi um erro! Foi um erro!". Quero dizer que foi um erro ver o corpo, mas há muito mais além disso. Não há nada certo em meu filho estar morto, ferido, nu e sozinho. Tudo isso deve ser um grande erro. Tim e eu passamos todo o trajeto para casa lamentando e chorando.

ONZE

Manhã de segunda, três dias e meio depois do acidente; chegamos à entrada de cascalho do pequeno cemitério. Lápides desgastadas da época da Guerra Civil inclinam-se em ângulos esquisitos. A grama esparsa começa a crescer em novos lugares, o solo ainda lamacento. Aproximadamente trinta familiares saem dos carros para ficar sob o sol cintilante. Caminhamos sobre a superfície irregular para nos aproximar do túmulo da minha mãe, maculado pelo passar dos anos.

Já estive ali dezenas de vezes, a maior parte quando adolescente e em torno dos meus vinte anos, geralmente ao entardecer. Tim queria trazer as crianças com mais frequência para visitar o túmulo, mas nunca relacionei o cemitério com minha mãe; assim, contava para as crianças histórias dela me levando para a escola de roupão, assoviando enquanto arrumava as flores, chorando enquanto cantava *How great thou art* e rabiscando no verso de qualquer papel que encontrasse.

Planejamos que o enterro de Jack seria privado e fizemos o serviço funerário antes; assim, a mídia não descobriria. Não há carro fúnebre. Nem cortejo. Não que eu não queira que as pessoas saibam e se importem com Jack, nem que sua breve vida não valha uma pequena confusão no trânsito de nossa pequena cidade, mas não quero aparecer na TV no enterro do nosso filho. Parece algo doloroso e íntimo demais para se tornar público. Vamos enterrá-lo ao lado da minha mãe, a "Vovó Margaret", que ele nunca conheceu.

Uso um vestido cinza pelo qual paguei trinta dólares no ano passado. É meu vestido para todas as ocasiões, e eu o tinha usado na nossa foto de família para o Natal, a última que teria de todos nós. Em meio à dor e ao choque, esqueço que, se vesti-lo hoje, nunca mais conseguirei usá-lo outra vez. Liz foi mais esperta e pegou uma roupa emprestada de minha vizinha.

No ano passado, Jack disse a Margaret e a mim que não gostava da ideia de cremação. Sorri e registrei como mais uma de suas muitas, porém estranhas, preferências que surgiam em nossas conversas. Da mesma forma que ficava muito preocupado com o conceito de um banco de esperma. Quando expliquei às crianças que minha amiga tinha feito fertilização *in vitro* para ter um bebê, Jack olhou para mim horrorizado e comentou: "Ela não foi a um *BANCO DE ESPERMA*, foi?". Talvez ele visualizasse um prédio de tijolos com caixas, envelopes de depósito, caixa-forte e vários frascos atrás de um balcão.

"Não. Eles usaram o... hã... esperma do marido", respondi. Estávamos mesmo tendo essa conversa? Com relação à cremação, pressionei-o um pouco, porque queria ser cremada algum dia, e sabia que Jack e Margaret é que organizariam tudo. "O que tem de tão errado com a cremação?", perguntei.

"Bem, e se você não estiver mesmo morto? Ao menos em um caixão você pode gritar e alguém vai deixá-la sair", disse ele. Querido Deus, por favor, me diga que alguém verifica essas coisas. Por favor.

Tivemos que tomar uma decisão apressada entre enterro e cremação. Eu sabia dos sentimentos de Jack sobre o assunto e chorei de dor diante da ideia de ir contra eles. Margaret ainda me lembrou da opinião de Jack antes de Tim e eu irmos para a casa funerária. Eu disse: "Eu sei, querida, mas talvez precise decidir isso por mim mesma, e não por Jack". Não expliquei a ela como fora difícil para mim, com o passar dos anos, imaginar o corpo da minha mãe debaixo da terra durante os invernos frios e os verões quentes. Não contei a Margaret como esse pensamento costumava me deixar insone e assustada, e que não poderia passar por tudo isso com Jack.

"Realmente precisamos saber agora qual é a sua decisão. O fim de semana está chegando", pressionou-nos o diretor da casa funerária. Tim e eu entramos na sala repleta de caixões. Meu pai e minha madrasta ofereceram-se para pagar o que fosse preciso, livrando-nos da dolorosa injustiça de ter que pagar o funeral do próprio filho entre a lista de coisas horrorosas que já havíamos enfrentado. Os caixões estavam alinhados na sala. Abertos, fechados, de metal reluzente, de madeira lustrosa. Alguns custavam mais que um carro.

"Que merda de desperdício", disse eu, referindo-me ao valor do caixão e também à curta existência de um garotinho. Nada do meu filho cheio de vida se encaixava ali. Sentia as mãos úmidas e frias, e a boca seca, como se eu fosse vomitar a qualquer momento. Sabia, dentro de mim, que não haveria nenhum caixão para Jack. Ninguém colocaria maquiagem no rosto dele para cobrir os ferimentos nem o acomodaria em almofadas de seda pastel como se apenas dormisse. Porque ele não estava dormindo.

No cemitério, duas mulheres da casa funerária estão em pé, segurando uma caixa de madeira ao lado de um buraco no chão, um monte grotesco de barro alaranjado ao lado dele. Percebo, então, que tomamos a melhor pior escolha optando pela cremação de Jack. Tinha medo de que, ao ver um caixão, teria me matado, me atirado no chão e me deixado ficar ali, ou me atirado no buraco com ele. Talvez isso soe muito dramático e improvável para uma pessoa como eu, mas a situação era inconcebível demais. O passado poderia servir como ponto de referência confiável?

Eu não queria um caixão, mas tampouco essa caixinha. Sei que, quando as mulheres ali paradas na grama a entregarem para nós, isso tudo se tornará real. Jack vai estar morto. Não vai mais escancarar a porta da cozinha, chutar os sapatos para cima, puxar o banco preto de madeira ao lado de Margaret no balcão e ficar perguntando onde estamos na casa. A caixa nega a existência dessa possibilidade.

Só mais tarde é que pensaria no versículo bíblico que Deus inspirou Margaret a procurar em julho, percebendo que ele fala em água e fogo, como os últimos três dias e meio de nossa vida. "Quando você atravessar as águas, eu estarei com você; quando você atravessar os rios, eles não o encobrirão. Quando você andar através do fogo, não se queimará; as chamas não o deixarão em brasas."

Água? Chamas? Será que essas palavras foram dadas a Margaret porque ela seria poupada dessas coisas, enquanto seu irmão, não? Ou seriam para Jack, cujo corpo passaria por tudo isso, mas cuja alma nunca seria abatida nem consumida porque ele estava com Deus? Não sei.

Parada ali no pequeno cemitério, nesse lindo dia de setembro, sinto-me como se tivesse sido forçada a dar um passeio em um parque de diversões perigoso, construído por um psicopata, não por um Deus amoroso. Estou presa e afivelada, e o passeio seguirá, a despeito de qualquer coisa que eu possa fazer para tentar suspendê-lo. Isso vai me deixar apavorada, enjoada, e talvez até acabe com a minha vida, mas não há como conter o desenrolar dos fatos depois de ter começado. Não há como negociar fazer o passeio amanhã ou outro dia. E não há como desistir.

Ver a pequena caixa de madeira com uma cruz incrustada na lateral ajuda meu cérebro abalado a reconhecer que Jack está morto, mesmo que eu tenha que fazer isso todos os dias, durante meses, até conseguir assimilar a situação. Sei que meu Jack não caberia nessa porcaria de caixinha cara. Baixo os olhos para Margaret em seu vestido listrado de azul-marinho e branco, pernas nuas e chinelos. O que será que está pensando? Será que um cérebro de quase dez anos consegue processar o que o meu luta para compreender?

Depois de algumas palavras e orações de nossos pastores, Tim, Margaret e eu nos inclinamos, e cada um de nós atira um pequenino Lego no buraco. Fomos tão bem treinados por Jack a valorizar cada tijolinho de plástico como um tesouro, que sentimos ser um desperdício confiná-los à terra. Vermelho, verde, depois o azul. Talvez devêssemos ter escolhido vermelho, amarelo e azul, porque é um dos ditados favoritos de nossa família. Uma pessoa diz: "*Red, yellow, blue…*", e a outra responde: "*I love you!*" Mas verde é a cor predileta de Jack, amarelo-esverdeado, na verda- de, e nosso cérebro está confuso; portanto, fico aliviada por termos feito dessa maneira. Tim se ajoelha e coloca a caixa suavemente no chão; depois, nós três ficamos em pé ao lado do buraco, de mãos dadas, enquanto o resto de nossos familiares observa. É a primeira vez que considerarei as palavras "nós três" em vez de "nós quatro". Parece errado. Estamos calmos e controlados. E caminhamos de volta aos respectivos carros.

Vamos para casa para um almoço organizado por nossos vizinhos e, depois, já está na hora do funeral. Quero desesperadamente fazer tudo devagar. Sinto que há detalhes que não foram providenciados, como a foto do obituário, contratar uma limusine para nos levar à igreja ou agendar horários de visita, mas agora é tarde. Chamo de funeral, mas acho que tecnicamente é um memorial, ou uma celebração da vida, porque não haverá um corpo na igreja. Não sei. *Celebração da vida* é um termo falso? Podemos de fato celebrar a interrupção de uma vida aos doze anos? Jack não tinha sequer doze e meio, que completaria na próxima semana.

Não penso em explicar a Margaret o que acontece em um funeral, embora ela nunca tenha participado de um antes. Muitos personagens morrem nos filmes infantis, geralmente uma mãe destituída de sorte, antes dos créditos de abertura, mas não acredito que mostrem funerais com muita frequência. Deveria tê-la preparado.

Deveria ter sido mais instrutiva e direta, do jeito que sou quando estou conversando com as crianças sobre sexo. "Cantaremos alguns hinos e, depois, os pastores dirão coisas bonitas sobre Jack. Não haverá corpo nem caixão ali; as cinzas de Jack estão na caixinha que enterramos. Quando entrarmos e sairmos, todos olharão para nós, o que poderá deixá-la envergonhada. Depois disso, papai e eu ficaremos ocupados conversando com as pessoas, mas você pode ficar no meu escritório ou lá fora com seus amigos, se isso tudo for demais." Mas só penso em ter essa conversa mais tarde. Os livros sobre luto têm sugestões bem úteis sobre o que dizer a crianças pequenas, e eles até incentivam deixar irmãos verem o corpo; porém, esses livros não são daqueles que lemos com antecedência.

Estou aliviada em ter esquecido a limusine. Sei que minha garotinha brilhante e corajosa vai andar em uma algum dia, para o baile de formatura da escola ou em seu casamento, ou quem sabe em uma festa de aniversário de alguma garota de sorte, e fico feliz por esse seu momento especial não ficar maculado por lembranças do funeral do irmão. Tento desesperadamente imprimir o texto que lerei no funeral, mas minha impressora dá solavancos e emperra. Segurando um *pen drive*, estou pronta para sair. Não, pronta, não, apenas decidida.

Tim, Margaret e eu voltamos à caminhonete de John e percorremos os cinco minutos do caminho até a igreja. O estacionamento está cheio, mas alguém nos acena indicando um espaço reservado para nós com um cone laranja de trânsito. Esse gesto me dá vontade de chorar de gratidão pelos atos, grandes ou pequenos, feitos para nós, muitos dos quais nunca serão completamente conhecidos. Jamais seremos capazes de agradecer aos milhares de pessoas, ao redor do mundo, que retribuíram com gentileza em resposta à morte de Jack. As novas câmeras dispostas fora da igreja não parecem nos perceber, o que é um alívio. Talvez estejam procurando uma limusine.

Quando entramos no *hall* cheio de pessoas que nos amam, baixamos o olhar, evitando contato visual, enquanto nos encaminhamos ao salão da igreja para esperar. Sinto o amor ao nosso redor, mas também é a primeira vez que me percebo diminuída e apartada do mundo. Apartada pelo fato de termos perdido Jack, literal e figurativamente, e, por mais que sejamos amados e queridos, é nossa perda que precisa ser suportada.

Ninguém nunca me contou que o luto é tão parecido com a vergonha.

DOZE

Outubro de 1999. Coloquei Jack, bebê, na mesa de trocar, segurando sua barriga macia com uma das mãos e movimentando os *tsurus* de origami no móbile com a outra. Os pássaros de papel colorido giravam, Jack ria e eu disse: "Pássaro", como sempre fazia. Seus enormes olhos castanhos moviam-se de um lado para outro, enquanto eu pegava uma fralda da prateleira de baixo e a colocava em seu corpinho agitado, os pés chutando o ar no deleite dos bebês.

Em seguida, estendendo a mão, ele fez o mesmo movimento que eu fazia para o móbile se mexer. Era o sinal dele para pássaro. "*Bird*"*, disse ele. "*Biiiird.*" Esse bebê de sete meses, que balbuciava e arrulhava, que contorcia a boca graciosa tentando formar palavras, embora saíssem mais como um miado na maior parte do tempo, tinha falado sua primeira palavra tão claramente quanto o dia!

Depois de abotoar o macacão, dei um beijo estalado nas dobrinhas de seu pescoço, peguei-o no colo e fui procurar nossa câmera de vídeo, na esperança de conseguir uma reconstituição dessa cena. Jack e eu passávamos muitas horas juntos, enquanto Tim trabalhava e ia para a faculdade de direito todas as noites. Não podia deixar de documentar esse momento. Primeiro, pelo simples fato de ser a coisa mais fofa e magnífica que já tinha visto. Segundo, não queria passar a impressão de que horas confinada em casa com um bebê estavam me fazendo ouvir coisas. Tim viu o vídeo, e a profusão de palavras que começaram a sair da boca de Jack tiveram início a partir daí.

Se me perguntassem, naquele dia, em todos os meus sete meses de sabedoria e experiência como mãe, como a vida seria para Jack, fico pensando no que teria dito. Já sabia que ele era esperto, fofo, adorável e ativo. Mas havia tantas coisas que eu desconhecia. Não poderia ter

---

* A palavra "*bird*" não foi aqui traduzida, pois pretendeu-se manter a naturalidade da situação, uma vez que dificilmente um bebê conseguiria pronunciar "pássaro". [N. E.]

adivinhado, na época, que seus interesses se voltariam para trens, livros sobre futebol e esportes violentos. Que seria um ótimo ator. Estava lá apenas para ver como os fatos se desenrolavam; para testemunhar sua personalidade florescer. Mas, se tivessem me perguntado na época, fico imaginando se não teria deduzido que a vida aconteceria tão naturalmente para ele quanto sua primeira palavra.

Entramos no santuário lotado da igreja, seguindo para a primeira fila. Ali, você se senta na primeira fila apenas se chega atrasado e todos os outros assentos estão ocupados, ou se você é um dos familiares em um funeral. O lugar de nossa família aos domingos é lá em cima, do lado direito do mezanino. De lá, Jack e Margaret têm uma visão clara do pregador, e todos na igreja podem constatar com facilidade se foi uma manhã boa ou ruim na casa Donaldson, dependendo do nosso atraso e de se as crianças estão ou não com uma aparência de mau humor.

Há mais de mil pessoas ali, apertadas no *hall* e encostadas às paredes. Alguém direciona os retardatários para subirem na plataforma, na frente do coral. Observá-los entrar, jovens e velhos, faz meu coração bater no peito em gratidão, porque poderei olhar para o rosto deles durante todo o funeral. Uma foto linda de Jack está colocada na mesa da comunhão, ao lado de seu boné favorito dos Yankees. Ele está com onze anos nela. Congelado no tempo. O tempo seguirá, deixando nossa imagem de Jack quando ainda garotinho. A sala está cheia de flores.

Amor e dor percorrem toda a igreja. Pessoas de todas as fases de nossa vida vêm para nos dar apoio. Crianças vestidas com uniformes de beisebol, futebol e da escola sentam-se ao lado dos membros da igreja, pessoas que conhecemos desde pequenas. Os primos de Tim e os meus, do país todo. Amigos do colégio e da faculdade que não vemos há vinte anos. Os colegas de trabalho, atuais e antigos. Os amigos da minha irmã e do meu irmão que dirigiram horas para apoiá-los. Vizinhos. Estranhos. Parentes idosos lutando contra o câncer, que terão apenas mais alguns meses de vida. O que vão achar da cerimônia, considerando que um garoto jovem, sadio e ingênuo seguirá à próxima vida antes deles? Estou impressionada com o número de pessoas que apareceram — elas próprias parecendo tão perturbadas — para apoiar nossa família arrasada e ferida.

Os pastores falam, e nossos queridos amigos da igreja tocam guitarra e cantam lindamente canções de esperança sobre o céu. Perguntamos à amiga de Jack, Gracie, se gostaria de ler um e-mail que ela enviou a ele na sexta depois do acidente. Espero que ela não se importe por eu sempre ler os e-mails dos meus filhos. Com coragem e equilíbrio, ela diz:

> Querido Jack,
>
> Aqui é a Gracie. Nunca pude dizer-lhe tchau nem vê-lo desde o final do baile anual do verão passado; então, vou dizer o que eu teria dito. Nunca conheci alguém tão engraçado como você, Jack, e nunca conhecerei. Você é muito criativo; você confunde minha cabeça quando faz poemas, desenhos, ditados, construções de Legos e histórias fantásticas. Sua risada é contagiante e ainda consigo ouvi-la na minha cabeça. Sinto tanto que este tenha sido todo o seu tempo na Terra, mas esse tempo foi ótimo. Às vezes, quando eu estava sozinha e me sentia abandonada, nós conversávamos um com o outro. É claro que você nunca ficava sozinho, porque era tão popular, e todos o amavam, mesmo as pessoas das turmas de alunos menores e maiores. Vou sentir muito a sua falta, Jack, e não consigo processar no meu cérebro o que aconteceu. Só sei que você era muito amado. Sei que você está se divertindo muito em seu castelo na Legolândia com Deus e que estão competindo para ver quem faz o outro rir primeiro ou mata mais aranhas.
>
> Te amo, Gracie.

Tim soluça no meu ombro. Margaret permanece imperturbável ao nosso lado no banco. Isso me assusta mais que o choro. Ela parece tão pequena e forte, e me lembra tanto de mim mesma. O diretor da escola fala da habilidade de comunicação de Jack, de sua fé em Deus: um discurso rápido, inteligente e humilde. Meu primo Mark lê palavras escritas por Liz, enfatizando as seis lições que ela aprendeu com Jack e que continuarão a inspirá-la pelo resto da vida.

Seja gentil.

Preste atenção nas coisas.

Reflita.

Nunca desista.

Brinque.

Compartilhe a alegria dos outros.

Liz consegue captar a mente ágil, a atenção aos detalhes e o imenso coração de Jack com aquelas palavras. Em seguida, meu irmão, John, lê palavras do próprio Jack para nós:

Salmo de Ação de Graças
de Jack Donaldson

Deus, Tu és o bem,
Tua bondade vai além dos laços de eternidade.
Deus, Tu fizeste coisas ótimas,
Ajudando muitos em tempos de necessidade.
Deus, Tu fizeste coisas ótimas para mim,
Tu me ajudaste em tempos de luta.
Deus, Tu és misericordioso,
Sacrificando Teu único filho por nossa vida.
Deus, Tu és poderoso,
Teu reino é supremo sobre todas as nações.
Deus, Tu cuidas de mim.
Teu amor me fortalece para sempre.

Quando chega minha vez, Cindy está de sobreaviso, para ler por mim, se necessário. Sua presença silenciosa e firme sempre por perto não enfraquecerá nos próximos dias e meses. Mas, de alguma forma, ambas sabemos que eu mesma lerei o discurso em homenagem a Jack. Tenho conversado com Jack desde que ele nasceu. Olho para o rosto dos que estão juntos no horror e na dor, para honrar um garoto doce que foi violentamente arrebatado da vida. Levo alguns segundos para observar a igreja, deixando que o momento se aprofunde ao máximo e, então, começo.

Enquanto leio as palavras que escrevi, sinto-me preenchida com o Espírito Santo. É como se eu pudesse falar para sempre, e desejo isso. Estou cheia de luz e energia. Quero correr para o fundo da igreja e trancar as portas, para nos manter ali o tempo todo, lembrando-me de Jack e do que o tornava especial, e falar sobre Deus e as coisas eternas.

Naquele momento, tenho certeza da esperança no céu, e não quero que ninguém saia até que também a tenha. Não quero que retornem à vida normal, pois como viver uma vida normal depois do que aconteceu? Sinto meu amor por Jack e o dele por mim fluindo por todo o meu ser, e estou, de alguma maneira, ciente de que Deus está por trás do que digo, enquanto minha boca se move e me ouço falar.

Digo que Jack, um contador de verdades, não iria querer ser retratado como alguém perfeito. Que nenhum de nós é perfeito, e que a boa notícia é que não precisamos ser. Menciono o grande amor de Jack pelo lar, e que ele está agora em algum lar muito melhor do que podemos imaginar. Essas são palavras incrivelmente difíceis de dizer, sabendo que minha meta como mãe é providenciar um lar cheio de amor para meus filhos, mas, quando as pronuncio, sei que são verdadeiras.

Mais tarde, lamentaria com Tim que havia tanto mais a dizer sobre Jack, que me esqueci de algumas coisas, mas que, enquanto falava, era como se Deus usasse minhas palavras de um modo que ia além de meras histórias domésticas e da vida que compartilhamos.

Naquele momento, porém, quero que aqueles que ouvem tenham um vislumbre de Jack, e de Deus, e que sejam, de alguma forma, transformados.

Posso sentir o Espírito de Deus no santuário, sustentando-nos na fila dos cumprimentos, enquanto confortamos aqueles que vieram nos confortar. Ver-nos ali, em pé, dá aos nossos amigos um lampejo de esperança de que os pais podem sobreviver ao pior pesadelo de todos, embora, após apenas três dias dessa experiência, ainda não saibamos que isso é verdade. Em seguida, como temos feito mais de uma vez por semana, durante toda a vida, saímos pela porta lateral da igreja rumo à nossa casa. Dessa vez, sem Jack.

II

IMPOSSÍVEL

TREZE

Fico pensando no quanto compartilhar. Quero ser honesta ao falar sobre como são os primeiros dias de luto, mas não cruel. É por isso que acho que não posso seguir em frente com esta história se não lhes contar primeiro o que acontece quando vejo a sra. Davidson no mercado.

O mercado é o pior lugar, o mais infernal para mim, depois do acidente de Jack. Muito pior do que a piada infeliz e de mau gosto de ver o riacho todos os dias, dirigindo sobre os canos de escoamento, ou ainda de sentar na cama de Jack, cercada pelas coisas dele, mas sem ele. Ou mesmo pior que ir à igreja, onde minhas emoções mais primitivas sempre ameaçam transbordar, quando estou de fato apenas tentando sobreviver àquela hora para voltar para o carro.

O mercado ganha em todas as comparações.

Quando você passa anos tentando fazer dois consumidores exigentes abaixo do peso comerem algo, qualquer coisa, toda seção traz uma memória. A vitrine de laticínios me lembra os anos em que tudo o que eles queriam comer era queijo. Sopa de galinha instantânea me faz recordar problemas de estômago e, mais tarde, dente dolorido por causa do aparelho. Picles com endro me lembram a época em que Jack e eu congelávamos suco de picles na jarra para fazer um enorme "piclelé" para ele. Ando cambaleante pelos corredores, jogando as coisas no carrinho, a dor fazendo as lágrimas escorrerem, enquanto tento descobrir como fazer compras nessa minha nova realidade. Lá é onde compro o sabonete líquido para um garoto que não precisa mais dele. Tomaria banho com ele todos os dias, e às vezes conseguiria sentir o cheiro de Jack.

Nesse lugar é onde também, meses depois do acidente, vejo minha vizinha de infância, a sra. Davidson. Seu filho Kenny morreu em um acidente de carro aos dezenove anos, há mais de vinte anos, quando eu estava na faculdade. Eu a reconheço na hora com seu cabelo de um preto intenso e seu batom vermelho-brilhante. É como se ela não tivesse envelhecido nada, enquanto eu me sinto beirando, no mínimo, os cento e cinquenta anos.

Estou nervosa porque tenho de lhe dizer algo, e sei, simplesmente sei, que devo lhe fazer uma pergunta. Temo que ela não se lembre de mim ou não queira ouvir falar de Jack, mas preciso contar-lhe do acidente, bem ali, em pleno supermercado.

E, no corredor cheio dos cereais favoritos de Jack, encorajada pelo desespero e pela dor, paro a sra. Davidson e me apresento de novo a ela. A sra. Davidson já ouviu sobre Jack. Digo a ela que tenho uma pergunta. "Só preciso saber: as coisas melhoram?" Sem hesitar por um segundo, a sra. Davidson responde: "Ah, sim!". Acredito que, mesmo abalada como estou, teria sido capaz de descobrir se ela estivesse mentindo para mim. Sua resposta foi rápida. Confiante. Segura.

Não foi, claro, como se ela quisesse dizer que era fácil sobreviver à morte de uma criança. Não sou estúpida para lhe perguntar isso, e diria que é besteira se alguém ousasse me convencer de que "fácil" nessa situação nem sequer seria algo possível. Mas ali está ela, ainda com os cabelos pintados e usando o batom que era sua marca registrada, depois de todos esses anos. Ainda fazendo compras, o que, agora descubro, é uma tarefa que jamais deve ser subestimada. E ela me assegura com confiança que tudo melhora.

A sra. Davidson e eu não somos próximas. Duvido que nos vejamos de novo, mas preciso compartilhar com ela nesse momento seu "Ah, sim!", porque, se formos olhar como são os dias e os meses depois da morte de um filho, passando nosso tempo com imagens de pesar, e se conseguirmos dar passos corajosos juntas no caos que significa perder quem mais amamos, não é bom ouvir de alguém que, de alguma maneira, as coisas vão ficar mais fáceis?

E é verdade. Hoje posso assegurar, analisando aqueles dias e meses, que as coisas ficam mais fáceis.

Mas não antes de piorarem.

Enquanto escrevo sobre aqueles dias e semanas, o *que* parece menos importante do que o *como*. Como acordo no dia seguinte e nos outros? Como me forçar a respirar e a comer quando as duas coisas parecem ser nojentas e ridículas? Como não perder a razão? Como viver sabendo do segredo que a maioria das mães tentava evitar o máximo que pudesse, se tivesse que enfrentá-lo: de que o controle é uma ilusão?

Porque, apesar das minhas tentativas de seguir o exemplo da minha mãe, de relaxar e confiar meus filhos a Deus, eu me agarrava à crença de que poderia de alguma forma controlar nosso futuro apenas tentando com afinco. E, se meus esforços sozinha não bastassem, sempre haveria Deus. Com certeza Deus poderia ver como queríamos viver nossa vida por Ele. Como tínhamos formado nossa família amando-O e servindo-O. E orando.

Oramos muito por Jack. Para que ele crescesse sadio. Para que tivesse amigos verdadeiros. Para que outros pudessem ver nele o que nós víamos. Para que soubesse o seu valor. Orações de coragem. Orações de proteção. Tinha sido tudo uma enganação?

Íamos todas as semanas à igreja. Não porque desejávamos ter crédito por bom comportamento, mas porque queríamos que nossos filhos entendessem que nossa casa fora construída na rocha sólida forjada por Deus, não na areia fofa do dinheiro, do *status* ou dos negócios que são tão valorizados na nossa sociedade.

Agora não consigo deixar de pensar na imagem que temos em vídeo de Jack, aos três anos, cantando a música da Escola Dominical, acompanhada de encenações gestuais: "A chuva caiu e a enchente subiu. A chuva caiu e a enchente subiu. A chuva caiu, a enchente subiu, mas a casa na rocha não sucumbiu".

Como nossa casa poderia não sucumbir diante dessa enchente?

CATORZE

Nesses primeiros dias, não que dormir seja uma fuga, mas todos já estamos na cama por volta das oito e meia. Até então, era raro isso acontecer antes da meia-noite. Mas o luto é exaustivo demais.

Da mesma forma que uma mãe fica atenta aos menores sons de seu recém-nascido ou que se levanta quando o filho mais velho, de pé no chão, chega ao seu lado da cama, prestes a vomitar, continuo em estado de alerta máximo, mesmo no sono. Preciso estar pronta dessa vez! A adrenalina percorre meu corpo em pânico, até perceber, mais uma vez, que estou segundos atrasada.

Na maioria das noites, Tim dorme profundamente, conseguindo algum alívio para seu coração partido, e, talvez, até mesmo sonhe com Jack. Margaret se vira de um lado para outro, às vezes colocando um pé no meu rosto, forçando minha cabeça na direção do criado-mudo. Nossa família diminuiu e, da mesma forma, nosso mundo, reduzido agora a alguns cômodos e uma cama.

Quero que ela se sinta reconfortada, aconchegada entre nós, os pais, que são responsáveis por cuidar dela e deixá-la em segurança. Não sei se tê-la em nossa cama afetará minha relação com Tim, mas é difícil me preocupar com outra coisa nesse momento que não sejam a perda e a luta pela sobrevivência.

Entendemos por que Margaret não quer dormir no outro andar que dividia com o irmão, agora morto. Lá em cima, seu lindo quarto azul-piscina está sem uso ao lado do verde-limão, cheio de Legos e resquícios de uma vida inacabada. Sua pia bagunçada ao lado da bem organizada dele no banheiro. Mais tarde, Tim e eu perguntaríamos à terapeuta especializada em luto, com quem começamos a nos encontrar a cada quinze dias, se estava tudo bem com o fato de Margaret dormir conosco.

"Com certeza. Ela vai decidir quando voltar para o andar de cima, para dormir sozinha. Ela precisa de segurança agora."

Numa manhã, acordei, peguei meu roupão azul e fui para o pequeno banheiro. Ao me fitar no espelho, meus olhos pareciam envelhecidos e cansados, e percebi que o choque inicial estava começando a passar, e que o horror da realidade — um futuro sem Jack — se iniciava.

Minha memória mais dolorosa sobre a morte de minha mãe foi o fato de ela ter tirado seu primeiro passaporte aos quarenta e poucos anos e nunca ter conseguido usá-lo. Para ela, haveria tempo para viajar depois, mas não houve. Devido a isso, parte do meu sonho era viajar algum dia com a minha família. Imaginava grandes celebrações de festividades, viagens à praia e cruzeiros com meus filhos e, por fim, com meus netos.

Hoje, ao olhar meu rosto no espelho, penso em todos esses anos em que tentei colocar um pé na frente do outro, escolhendo a alegria, porque sabia que assim honraria minha mãe e meu Deus. Sorri. Amei. Prosperei. Aprendi que há muitas, inúmeras coisas que podemos e iremos superar sem a ajuda de uma mãe, mesmo sendo difícil.

Mas, agora, não sei como seguir em frente. E se eu viver mais quarenta anos? Essa possibilidade me deixa doente. Porém, para que Margaret se sinta segura, devo cuidar dela. Assim, sei que tenho de fazer um pacto com a mulher no espelho, algo que me prenda a um mundo no qual não quero estar: *Não vou me matar hoje.*

Isso não significa que quero viver sem Jack. Não quero. Não significa também que estou tranquila com o que aconteceu. Não estou. Devo fazer isso por Margaret. Não sei o que esse dia vai trazer, mas tem que ter algum *valor* saber que aquela primeira opção está totalmente fora de cogitação.

E quanto ao passaporte de Jack? Está na mesa do escritório de Tim. Sem nenhum carimbo nele.

QUINZE

Está claro, no rescaldo precoce da morte de Jack, que Tim, Margaret e eu vamos lidar com nossa dor de forma diferente. Se é que *lidar* seja mesmo a palavra correta. *Suportar? Abordar?*

Um ou dois dias depois do acidente, Tim e seu pai estão sentados na varanda envidraçada, jogando cartas sob o clima quente. Sei que homens gostam de fazer alguma coisa, em vez de apenas sentar e conversar. Mas jogar cartas não me parece bom. Como no dia depois do funeral em que Tim, seus pais e seu irmão foram para Washington, DC, visitar museus e ver um filme em Imax. Em uma semana, surge uma revista do Instituto Smithsonian em nossa caixa de correspondência.

"Você pediu isso?", pergunto a Tim, pegando-a de uma pilha de cartões de solidariedade, perto da última revista de Lego de Jack.

"Sim. Se eu me tornasse membro do Smithsonian, nossos ingressos para o cinema sairiam mais baratos", ele responde. Largo-a na mesa da cozinha como se fosse uma víbora. Não consigo me imaginar indo a um museu, quanto mais pensar em descontos para ingressos de cinema em um momento desses. Jogaria a revista na lata de lixo reciclável sempre que chegasse, todos os meses, incomodada por representar mais uma das novidades com que teria de aprender a lidar em nossa nova vida. Fica claro para mim que Tim precisa de distração e atividade.

Não estou surpresa pelas diferenças entre mim e Tim no luto, porque sempre fomos diferentes. Sou extrovertida e irreverente, além de uma locutora veloz, propensa a revelar demais e à preguiça. Sou uma observadora de detalhes e de pessoas. Sei dizer quando alguém se sente excluído ou precisa de um abraço, e ainda me lembro do que minha melhor amiga vestia na escola no primeiro dia do oitavo ano. Tim é introvertido e quieto, trabalhador incansável, determinado e focado, que gosta de evitar o humor grosseiro, sempre dando às pessoas o bene-fício da dúvida. Não é bom com nomes ou rostos, mas é sempre modesto e gentil; sua voz estrondosa e a risada vigorosa são uma surpresa quando ele decide falar.

Somos tão diferentes que, se tentarmos dobrar um cobertor juntos, perguntarei a mim mesma: *Como eu dobraria isso?* Então, faria o oposto, sabendo que a abordagem de Tim para tudo é contrária à minha. Não vou nem começar a contar sobre como ele coloca os pratos na lavadora de louças. Por que não seríamos diferentes quando o assunto fosse lidar com o luto?

Sou infinitamente grata por uma diferença entre mim e Tim. Ele não me culpa pela morte de Jack. Mas, ora, sempre serei aquela que deixou as crianças brincarem na chuva. É difícil para mim entender como Tim pode me perdoar por isso. Receio que, se fosse o inverso, meus sentimentos em relação a ele se envenenariam para sempre. Mas, quando peço desculpas, repetidamente, ele me olha como se eu fosse louca de até mesmo mencionar "Desculpe". E me diz palavras gentis nas quais mal posso acreditar, mas que tenho que aceitar para sobreviver e para até mesmo ser capaz de olhá-lo nos olhos outra vez. "Como sabe que eu não os deixaria brincar na chuva se estivesse em casa?", diz ele. "Poderia ter acontecido com qualquer um."

As primeiras reações de Margaret à morte do irmão me lembram muito de mim mesma quando minha mãe morreu. Sorrindo, realizando coisas, seguindo em frente, mas ferida por dentro. Ela consegue dizer o nome de Jack com facilidade em uma conversa e passa horas olhando para as fotos e os desenhos dele, mas não chora nunca, e seus sentimentos sobre a noite do acidente estão fora de alcance. É categórica em sua recusa ao falar disso. É como se, caso o fizesse, fosse se partir em mil pedaços.

Algumas semanas depois do acidente, a ansiedade de Margaret atinge um ponto crítico. Ela tem medo de ficar doente, de ser roubada, sequestrada ou de morrer. E qualquer sinal de discórdia a estressa, mesmo que Tim e eu estejamos apenas conversando sobre nossa agenda da semana ou debatendo se Shadow precisa ou não sair para fazer xixi. Acho que é apenas sua forma de manifestar que ela não tem mais certeza de nada. Uma simples tosse pode ser coqueluche. Uma cerveja pode ser o caminho para o alcoolismo. Uma discussão pode levar ao divórcio. Se mamãe começar a chorar, o que vai acontecer se ela não conseguir parar? E Margaret não tem seu melhor amigo para dividir o fardo, porque ele, aliás, é a razão dessa sua descoberta das incertezas da vida.

"Claro que manteremos você em segurança" soa vazio, já que nós três sabemos que não há garantias. Ela não confia mais em nosso julgamento como pais, e eu não a culpo.

Prometo não me permitir ser tragada pelo luto, depois de chegar a um ponto em que não possa cuidar dela da maneira que ela precisa, mas o que isso quer dizer, afinal? Ela precisa de uma boa mãe, mais do que nunca; porém, estou exaurida. Será que tenho aquilo de que necessito para ajudá-la a descobrir que a Margaret Viva não é menos importante do que o Jack Morto? Minha tristeza a assusta, porque, quando você tem dez anos e seu irmão se esvanece, a última coisa que deseja é perder a mãe para a obscuridade do luto. Quando choro ou converso sobre minha dor, isso torna o mundo dela, que está apenas por um fio, ainda menos seguro.

É por Margaret que decido não tocar em uma gota de álcool, ao menos nos três primeiros meses. Não sou de beber muito, mas posso me visualizar tomando uma bebida, depois outra, e, então, mergulhando na garrafa. Não quero dar a ela mais uma coisa com que se preocupar.

Embora minha tristeza a assuste, sei que agir como se tudo estivesse bem não vai ajudar nem um pouco, porque não é a verdade; portanto, forneço lampejos controlados do meu luto, enquanto tento parecer o mais estável possível. E ela observa cada movimento. É importante que eu ainda embrulhe seu almoço e que a roupa esteja lavada. Que eu participe da carona solidária. Que saiba quem são as pessoas do *reality show* da TV. Nenhum de nós menciona que eu ouço o mesmo CD de louvor no carro, sem parar.

Margaret perde apenas três dias de escola depois do funeral, saindo corajosamente do carro para entrar no pequeno prédio sozinha. Sua nova sala de aula é a de Jack no ano anterior. Os amigos dele sentam-se, na cantina, a apenas algumas fileiras da mesa dela. Ela se entrega ao quinto ano: seu trabalho é bem-feito, meticuloso e organizado. Faz as colegas rirem de sua inteligência, exuberância e energia, e enfrenta os garotos no futebol no intervalo. Sem perceber, está ajudando as outras crianças. Margaret representa a sobrevivência — um fato interessante, porque ela está muito preocupada, e nós, muito preocupados com ela.

Fico imaginando se, conforme os colegas forem crescendo e enfrentando as inevitáveis perdas e os esmagadores golpes da vida, eles se lembrarão de uma garota impetuosa de saia xadrez azul-marinho e tênis e pensarão: *Se Margaret Donaldson conseguiu, eu também consigo.*

Margaret me conta que ela às vezes imagina que, no final do dia, Jack passará por ela, abrirá a porta do carro e sentará no seu lugar, obrigando-a a pular por cima dele, como costumava fazer. Porém, ela está parada sozinha no lugar deles na frente da escola. Abre a porta do carro, iça sua mochila pesada para o lugar de Jack e salta por cima dela. O assento está vazio, mas ela não senta ali. Fico imaginando quantas vezes por dia ela ainda para e pensa, assim como eu: *Isso aconteceu mesmo?* Parece tão chocante, impossível e estranho. Como alguém pode morrer, quando seu cereal predileto está no armário, as roupas da escola, guardadas na gaveta, ou quando ainda recebe correspondência?

Também penso nisso. Tento ser um dos primeiros carros na fila dos pais, me dando conta de que, se estou assim cansada, Margaret deve estar exausta e mais do que pronta para voltar para casa. A turma de Jack está terminando a aula de educação física no campo em frente da escola. Se apertar os olhos, vejo só um mar de azul-marinho e cáqui diante de mim. É fácil imaginar Jack por ali, tentando pegar uma bola, dando com o traseiro no chão, que se transforma num rolar de corpo, com meninos e meninas rindo dele. Quero ficar assim para sempre, imaginando que ele está a alguns passos de mim. Imaginando que a vida é como antes. Mas, quando a visão clareia, posso ver os cabelos loiros de Davis, e não os fios castanhos de Jack, a menos de meio metro, ao lado de onde ele devia estar. A imagem parece esquisita agora, incompleta, e meus olhos ficam nebulosos de novo, dessa vez devido às lágrimas. Como vou conseguir respirar quando seus melhores amigos tiverem pelos no rosto e quando a voz deles mudar? Quando seguirem em frente sem Jack?

Esses nove garotos são aqueles que gritaram adeus e correram para os respectivos carros em uma tarde úmida de quinta-feira, enquanto o amigo Jack terminava de empilhar as cadeiras para o professor substituto de educação física. Nunca mais o viram. Agora, todas as tardes eles vêm ao meu carro. Ainda não sei disso, mas aparecerão durante cento e oitenta e um dias seguidos de escola, mesmo debaixo de chuva. Quando se enfileiram e me abraçam pela janela, tento não parecer ávida nem carente. Sinto-me faminta por um toque do pessoal de Jack, de sua tribo. Vou aprender a ter goma de mascar ou bala de menta para oferecer, uma lembrancinha pela bravura que demonstram ao vir à minha janela, dia após dia.

Suponho que precisem ver se a mãe de Jack vai conseguir passar por isso, assim eles também conseguirão, apesar da dor, das perguntas e dos medos que os assolam. Odeio que o amor deles por Jack os tenha lançado em um mundo de incerteza, transformando nossa dor na dor deles também. Tento não chorar. Tento vestir roupas de trabalho em vez de moletons e uso maquiagem. Eles me contam histórias de Jack que já tinham em mente antecipadamente, expondo-as e as oferecendo para mim como joias preciosas. Rimos. Toda história é importante, porque nos damos conta de que a fonte é finita.

Tim e eu voltamos a trabalhar menos de duas semanas depois do acidente, ele no escritório de advocacia, e eu na livraria da igreja. Não conseguimos pensar em opções melhores; então, apenas continuamos. Nenhum de nós sabe como agir. Deduzo que todos os que nos olham estejam pensando em Jack e compartilhem de nossa tristeza, mas alguns não dizem nada. Querem apenas, fervorosa e vigorosamente, nos ver bem.

Meus colegas sorriem e dizem: "Oi, Anna. Como está hoje?", e fico pensando: *Como acha que eu estou?* Recuso-me a responder: "Bem", porque acho que isso é fuga e não diz a verdade sobre a experiência do luto. Mas o que deveria dizer? Não quero deixar uma situação esquisita ainda pior; assim, geralmente, esboço um sorriso com os lábios fechados e dou de ombros, ou digo: "Estou levando". Será que alguém suportaria a terrível verdade?

Algumas horas antes do acidente, minha colega Melissa e eu conversávamos na sala de xerox, no andar de cima. "Prepare-se. Jack vai receber muita atenção das meninas do grupo de jovens este ano", ela me disse. "Você acha? Ele é muito tímido", respondi. "Ah, ele vai, sim. Você arrumou uma bela encrenca, Anna!" Rimos, ao pensar em Jack se tornando conquistador. Agora, Melissa para no meu escritório toda semana para ver como estou levando a situação.

Algumas mulheres que conheço há séculos, e outras que se aproximaram de mim depois do acidente, vêm à loja para me abraçar entre as prateleiras, me trazer um *smoothie* ou uma xícara de chá. Sentamo-nos à mesa, trocamos olhares e expressões de choque, e choramos. Às vezes, falamos. Sou grata por elas, sem terem noção e mesmo temerosas, se aventurarem no luto comigo.

Percebo que nunca acompanhei alguém em profunda dor. Sou mais uma amiga de visitas breves, do tipo que aparece uma ou duas vezes, e que espera que a situação se resolva rapidamente. Eu me importo. Choro. Oro. Mas não permaneço muito tempo. Sou a espécie de amizade que você desejaria ter por perto devido a um tornozelo quebrado, mas não por causa de uma depressão crônica. Dou-me conta de que estou aprendendo com as mulheres que surgem à minha frente. Que ficam à disposição de uma maneira que jamais tive coragem de ficar. Elas são mais corajosas do que imaginam.

DEZESSEIS

Ter entrado no prédio da igreja na manhã do acidente, eu seguindo para a livraria e Tim para o porão, para se encontrar com o jovem pastor e falar sobre trabalho voluntário, foi tão natural para nós quanto entrar em nossa própria casa. Mas agora a igreja está esquisita. O porão onde se realizam as atividades juvenis parece terreno proibido; nossos assentos regulares no mezanino, superexpostos a olhares compassivos; e até mesmo meu escritório, aonde Jack ia toda semana depois da Escola Dominical, está escuro e sinistro. É incompreensível estar aqui sem Jack com sua calça cáqui e sua polo listrada de laranja e branco, puxando meu braço e me dizendo que está na hora de ir para casa.

Nossos ministros, que também são nossos amigos, sentem-se perdidos sobre como nos ajudar. Também travam uma batalha interna com o que aconteceu. A morte de Jack abalou a comunidade da nossa igreja e, embora eles tenham expressado todo o amor por nós, sentimo-nos como estranhos aqui, na terra do órgão musical, das aulas de Escola Dominical, dos programas e das reuniões.

É como se o que estamos passando fosse real e brutal demais para ser mencionado na igreja. Mas se você não pode mencionar as coisas da vida e da morte, e do Espírito de Deus, aqui, onde mais poderá? Talvez seja porque nos acostumamos a lidar com problemas em porções ordenadas. Lidamos com uma situação, mas fazemos isso durante um sermão de vinte minutos, um curso de doze semanas, em um horário agendado com seis a oito semanas de antecedência. Não há nada de ordenado na morte de uma criança.

Lembro-me de entrar na igreja no primeiro domingo depois dos ataques terroristas do 11 de Setembro. Minha melhor amiga, Diana, que conheço desde que tínhamos cinco anos, disse: "Céus, olhe como está lotada! Por que está tão cheia?" E então descobri. Tive um vislumbre de inspiração, como estou tendo agora, de que, quando o mundo parece mudar, seja para milhões de pessoas, como aconteceu em setembro de 2001, seja para nossa pequena família e amigos, em setembro de 2011, voltamos nosso coração e questionamentos a Deus, buscando conforto e respostas.

Como gostaria de conversar sobre onde está Deus nisso tudo! Quero compartilhar algumas das coisas estranhas e miraculosas que Ele fez antes do acidente e depois, como a premonição de Margaret sobre a morte de Jack e os versículos bíblicos que apareceram no meu telefone, mas não sei onde, tampouco como trazer isso à tona. Coloco esse assunto na pauta de nossa reunião semanal de equipe? Certamente as pessoas ouviriam, mas será que eu pareceria vulnerável e carente demais? Devo ficar em pé sobre uma caixa no meio do corredor como um profeta louco no meio de uma praça?

Fico aliviada por ter acabado meu mandato na diretoria da igreja, porque, se ainda estivesse nela, receio que me levantaria e diria algo rude, que cairia sobre eles como uma bala de canhão. Estaríamos então falando sobre orçamentos, programas e ministérios, e do calendário da igreja, coisas que antigamente me interessavam.

Mas, agora, na minha dor, tudo parece sem sentido se não tiver a ver com vida e morte, e com a promessa do céu. Consigo me imaginar em pé, gritando: "Isso tudo é besteira!"; "Que milagres!"; "Que anjos!"; "Nosso Deus não é o mesmo Deus da Bíblia?"; "Por que continuamos agindo como se estivéssemos *no comando de alguma coisa?*". Ia parecer uma louca, deixaria meus amigos em uma situação desconfortável e provavelmente diria: "F...". Perdendo a força, enfim sussurraria as perguntas que meu coração quer saber: "Como Deus pode ter pensado que levar Jack embora era uma boa ideia?", e acrescentaria: "Podemos ainda confiar Nele?".

Os jovens voluntários aconselham alunos do ensino fundamental e do ensino médio em seu luto. Eles me contam que nunca é fácil discutir assuntos espirituais e emocionais com as crianças. Elas querem se abrir e falar, questionar e refletir.

Mas e quanto ao restante da igreja? A morte de Jack será apenas mais uma história triste, um lampejo ao lado das preocupações sobre estilos de culto e problemas de voluntários? Mesmo no meu estado de choque, fica claro para mim que Deus vem realizando algo por intermédio da morte de Jack. Consigo reconhecer esse fato, porque as preocupações diárias e inconsequentes que sempre me distraíam sumiram com o acidente. Não tenho certeza de quanto tempo isso vai durar e não quero desperdiçar nada do que estou aprendendo. Essas coisas precisam ser compartilhadas.

Mas sou a pessoa menos indicada para o papel, pois não tenho nem a força nem a inclinação adequadas para proclamar qualquer tipo de nova revelação. Estou cansada. Magoada. Não me sinto líder da torcida de Deus. E qual é a vantagem de compartilhar, quando vem com um preço tão alto esse conhecimento? O conhecimento de que viver nossa vida como se estivéssemos no controle é uma ilusão... Não estão todas as pessoas vivas capacitadas a aprender essas verdades por si próprias, através das inevitáveis perdas que acontecem?

Alguns aprenderão repentinamente, como nós, e outros, lentamente, com o tempo. Penso em Margaret, que não pode se dar ao luxo de aprender sobre perda como um adulto ou de maneira natural e gradual. Em uma idade em que ser, mesmo que muito pouco, diferente é um fardo, ela se sente diferente de um modo significativo. Se eu pudesse, tiraria esse fardo dela. Eu a carregaria em uma sacola comigo, junto com minha dor e meu pesar, até que ficasse adulta. Até que tivesse a chance de vivenciar outras perdas — de um bichinho de estimação, de uma amizade, do primeiro amor, de alguns sonhos. Deixaria a dor escapar aos poucos, em doses calculadas, para que pudesse lentamente se posicionar ao redor de seus ombros, e não jogá-la no chão.

Assim, fico de boca calada na igreja. Vou trabalhar na livraria. Encomendo livros interessantes sobre os dez passos para se aproximar de Deus. Sobre como estudar a Bíblia. Sobre oração. Sobre o Espírito Santo. Coloco os livros nas prateleiras, para que as pessoas os leiam e os vivenciem em particular em suas casas. Tudo muito organizado e previsível. E acho que isso é parte do problema. O Deus que tenho vivenciado desde a morte de Jack é real, e pode ser tudo, menos previsível. Por sua vez, a decoração da igreja parece desgastada e apenas figurativa.

Continuamos participando das atividades, sentando em nosso lugar habitual, no mezanino. Tento abrir a boca para cantar, mas, quando faço esse gesto, os olhos se enchem de lágrimas e a boca se fecha de novo, como a de uma marionete. Enterro, então, as unhas na palma da mão, na tentativa de evitar que as lágrimas escorram pela face. Os hinos são sobre o poder de Deus, ternura e fidelidade, tudo o que vivenciei na minha dor.

Senti Seu espírito em mim, mesmo naquela noite terrível. Mas não consigo cantar com o coral. Não consigo oferecer meus louvores a Ele na dor. Digo a Deus que vou continuar aparecendo e procurando por Ele, mas meus dias de esforço terminaram.

Dali a algumas semanas, nosso coordenador de comunhão perguntaria se estava pronta para começar a servir a comunhão de novo durante a adoração. "Mal consigo tomar a comunhão, quanto mais servi-la", respondo sem meias palavras. A intimidade com Deus através da comunhão implica que tudo esteja bem em nossa relação, e ainda não estou certa disso.

A verdade é que tento estabelecer uma nova relação com Deus, em virtude do que aconteceu com meu filho. Nunca me senti mais amada por Deus nem mantida tão próxima Dele — quase como se estivesse envolta em um tecido macio de algodão. É esse sentimento inexplicável de amor, aliado à minha responsabilidade com Margaret, que me ajuda a não desistir. Mas também nunca me senti tão frustrada e magoada. Estou reequilibrando nossa relação, e o único corpo ferido que consigo enxergar, neste momento, é o de Jack.

DEZESSETE

"E se o céu for chato, mamãe?"
"A eternidade parece muito comprida para se ficar em um lugar só."
"*Para sempre* me assusta."
Jack tinha medo do céu.

Falávamos sobre isso na hora de dormir, e eu me perguntava se era a melhor pessoa para acalmar seus temores. Com certeza eu queria ir para o céu algum dia, mas não conseguia imaginá-lo como um lugar tão bom assim. Não faço muito o tipo musical; portanto, coros de anjos não têm tanto apelo para mim. Rua de ouro e joias? Eca! Acho a opulência exagerada espalhafatosa demais — um parque de diversões cheio de afetação que deu errado.

E a ideia de adoração constante também me assusta. Sempre achei difícil relaxar para adorar a Deus. Na verdade, uma das vezes em que foi mais fácil realmente adorar, bater palmas e invocar Deus ocorreu em uma escapada para Indiana — uma viagem de avião para longe de todos os que eu conhecia. Acho que posso dizer que a ideia de erguer os braços para o alto ou pousar o rosto no chão em adoração me deixa um pouco desconfortável; portanto, não gosto da ideia de ter de fazer isso por toda a eternidade.

E, então, sucedeu aquilo com a minha mãe. Foi difícil de me convencer a acreditar que poderia haver um lugar melhor para uma mulher de quarenta e seis anos que não fosse com seus filhos na terra, onde eles precisavam dela. Ela era o centro do lar, e ela pertencia ao nosso lar.

E se o céu for formal demais para ela? Ela amava Jesus — o Jesus de pés empoeirados que amava os pecadores. Será que o Jesus celestial não seria um pouco... asfixiante demais para o seu gosto? Ela gostava de colocar as mãos na lama, comer metade de um pacote de balas de goma de uma só vez, jogar a cabeça para trás e rir e estragar o ponto alto da única piada que conhecia. Será que é possível fazer essas coisas no céu?

Depois que ela morreu, era como se uma parede de aço viesse abaixo entre as duas partes, entre aqui e lá. O céu parecia tão distante. Não vi nenhum sinal indicando que ela estivesse bem. Não sentia sua proximidade, apenas ausência e falta. Não conseguia conforto sabendo que nos veríamos outra vez algum dia, porque não tinha certeza, na verdade, se era assim que as coisas funcionavam. E não queria ter esperanças para depois ficar frustrada.

Felizmente, não despejei tudo isso em Jack, mas ouvi suas preocupações na escuridão de seu quarto, e vi que eram bem parecidas com as minhas. Lemos alguns livros sobre crianças que foram para o céu e voltaram. Isso ajudou. Assim como uma conversa que ele teve com um conselheiro de um acampamento quando tinha dez anos. "Não tenho mais medo do céu", anunciou Jack quando colocávamos a conversa em dia, depois de uma semana longe um do outro. Não obtive mais detalhes, mas fiquei aliviada. Jack estava de bem com o céu agora. Embora isso não mudasse muito minhas próprias ideias.

Nas primeiras semanas depois da morte de Jack, passei de alguém que raramente pensava no céu a alguém que vive com um pé aqui e outro lá. Meu filho está no céu. Não preciso saber dos aspectos fundamentais, como tamanho, local, ou tudo o que se faz lá. Mas preciso saber de alguma coisa! Nunca deixei Jack sequer dormir fora, se não conhecesse bem a família e o que ele poderia esperar por lá. E agora ele está em um lugar muito, muito diferente, e não sei como é lá.

Eis aqui o mais estranho. O céu é parte crucial de nossa crença como cristãos. Acreditamos que Cristo nos oferece a vida eterna no céu, mas em quase quatro décadas na igreja eu raramente ouvi qualquer coisa sobre como ele é. Não somos curiosos? Por que nossa mente nunca recebeu uma revelação de que a alma pode viver para sempre ao lado de Deus? Será que nos consideramos intelectualizados demais para pensar no mundo espiritual? E, se sim, por que nos incomodamos em dizer que temos fé, quando ter fé é acreditar em algo que não podemos ver? Estamos tão enraizados no aqui e agora que tratamos o céu como uma recompensa distante e insignificante?

Não tenho a menor ideia de como seja o céu e, embora queira que o novo lar de Jack seja melhor do que qualquer coisa que ele pudesse vivenciar aqui, é difícil de aceitar que ele possa ter uma vida melhor do que conosco.

Em outubro, escrevo no meu blog:

O céu tem que ser melhor:
Melhor do que qualquer festa à fantasia do Grupo de Jovens.
E do que ficar preso em uma fábrica da Lego durante um feriadão com muitos salgadinhos de queijo e refrigerante.
E do que o forte sentimento que o assola quando a pessoa pela qual você é apaixonada também se apaixona por você.
E do que descer uma montanha imensa com seus melhores amigos porque é a hora do chocolate quente.
E do que um maravilhoso e desajeitado primeiro beijo.
E do que esquiar no parque Black Diamonds no Colorado.
E do que uma divertida viagem de debates escolares para Nova York com acompanhantes ligeiramente relaxados.
E do que louvar a Deus em um retiro e finalmente descobrir o quanto Ele o ama.
E do que sentar-se com os amigos na faculdade e rir até a barriga doer.
E do que se apaixonar.
E do que assistir ao vivo os Yankees vencerem o World Series... de novo!
E do que surpreender sua irmã caçula indo à formatura dela da faculdade.
E do que fazer um trabalho que o preencha e que honre a Deus.
E do que dançar com sua mãe em seu casamento.
E do que segurar seu filho recém-nascido — olhar para sua esposa e pensar: "Fomos nós que o fizemos?"
E do que dar banho nesse bebê e vesti-lo com pijamas de estampa de pezinhos.
Ah, sim, e do que sexo.
É melhor que o céu seja mais maravilhoso do que sexo.
Combinado, Deus? Certo.

Embora eu escreva quase diariamente, dividindo a minha dor em tempo real no blog, tenho dificuldade em ler um jornal, uma revista ou um livro. Meu cérebro parece chocado e esmigalhado demais para traduzir as palavras em algo coerente. E não quero desperdiçar meu tempo ou esforço com algo se isso não puder me ajudar de alguma maneira.

O primeiro livro que consigo levar adiante é uma compilação de histórias isoladas de luto de vários pais. Elas falam candidamente sobre o choque, a raiva e a tristeza de perder um filho. Espero que as histórias desses pais me mostrem que nossa família vai sobreviver de alguma maneira. Preciso saber, porque essa não parece ser uma suposição que eu consiga fazer logo de cara.

Contudo, uma pessoa no livro me irrita tanto que fico tentada a pular a parte dela. É um pai que perdeu o filho jovem em um acidente monstruoso, parecido com o de Jack. Não consigo entendê-lo nem me identificar com ele, principalmente quando escreve sobre conectar-se com seu filho em um "nível de alma" e sobre a relação contínua dos dois mesmo após a morte do menino. Acho-o cansativo e um tanto obsessivo. Parece que a dor transformou-o em um completo maníaco.

Fico aborrecida. O que suas palavras não estarão causando aos pais arrasados que nunca sentem a presença dos filhos? Àqueles que não se conectam com os filhos da maneira como ele fala? O que suas palavras não farão comigo? Vou ficar atormentada por meu Jack parecer tão distante, embora esse cara diga que seu filho está tão próximo? Ele não está intensificando nossa dor?

Fico preocupada com o fato de que talvez esse homem não consiga aceitar que o filho morreu e que não vai voltar mais. Não ouvimos que a aceitação é importante, um estágio que não pode ser deixado de lado? Se não encararmos que nossos filhos estão realmente mortos, não ficaremos presos em algum tipo de "limbo do luto" para sempre? Sou uma estudante relutante, forçada a fazer um curso que detesto, mas sei que não quero fracassar nele e ter que fazer tudo de novo.

Mal consigo orar depois de ler esse livro, mas envio um pensamento a Deus: *Por favor, que eu não acabe como esse cara.*

DEZOITO

Recebo centenas de mensagens de amigas e também de pessoas que não conheço me contando do impacto que a morte de Jack teve na vida delas, em muitos casos tornando-as mães mais atenciosas e amorosas, mais próximas dos filhos, aproveitando o tempo para estar presentes na vida deles. Para elas, foi um alerta sobre como a vida é passageira.

E não deveríamos *todos* nos tornar pessoas melhores, porque sabemos o que é importante agora? Não é essa a lição quando alguém que amamos morre? Apreciar a vida? Amar e valorizar um ao outro, porque percebemos que o tempo que temos juntos é um presente?

Mas não é isso o que realmente vejo ocorrer na minha casa. Não me transformo em uma mulher agraciada só porque algo horroroso aconteceu ao meu filho. Pensar assim seria tão simplista quanto pensar que todas as mães cujos filhos têm câncer são, de alguma forma, mais corajosas que todo o restante. Ou que nenhuma mãe cujo filho tem deficiências múltiplas possa ser um cão raivoso. Somos humanos. Temos defeitos. Somos pessoas comuns jogadas em situações nada comuns, apenas fazendo o que tem de ser feito.

Estou longe da perfeição, mesmo com essa minha nova perspectiva. Sinto um grande amor e amo, mas também sinto-me irritada e oprimida. O som de Tim mastigando cereal me dá nos nervos, como sempre, embora agora eu saiba que ele pode ser atingido por um ônibus amanhã. Como posso mostrar a ele a graça nas pequenas coisas quando ele me mostrou a graça na maior de todas, ao não me culpar por deixar as crianças brincarem na chuva? Mas Tim tampouco é um raio de doçura e luz. Está monossilábico e na defensiva comigo. E não consigo pensar em uma maneira melhor de me relacionar com Margaret, pois ela afasta minha mão ou se esquiva de mim quando tento puxá-la para perto.

Percebo que outra injustiça no processo de perda é que seja mais fácil para os outros falarem da morte de Jack e a processarem do que para nós, que perdemos ainda mais. Eles podem se reunir em pontos de ônibus, durante uma refeição, ou em pequenos grupos, para tentar dar sentido a isso. Mas, para aqueles de nós que se deram conta do que perdemos com a morte de Jack, não apenas *um* filho e irmão, mas *nosso* filho e irmão, a dor é tão profunda que nos assusta abordá-la na sua totalidade. Tentar dar voz aos nossos sentimentos, nossos anseios por ele e nossos temores pelo futuro parece muito primário para se colocar em palavras. Porém, nossa tristeza se manifesta em pequenas irritações e indiferenças.

A hora das refeições é tensa. Lembro-me dos jantares em família no passado, alguns maravilhosos, alguns tenebrosos. Recordo-me de um em particular, quando o jantar estava saindo do controle. Jack tagarelava em cima dos brócolis, usando ao extremo suas habilidades dramáticas. Seu pedaço microscópico de brócolis acabou no chão. Margaret cuspiu o que estava comendo no belo guardanapo de tecido e colocou um pé descalço e sujo sobre a mesa. Qualquer tentativa de conversa civilizada fracassou.

Podia ver pelo olhar de Tim que ele pensava por que havia dado um duro danado para voltar cedo para casa para *aquilo*. Depois de as crianças saírem da mesa para correrem lá fora, Tim olhou para mim e usou um de seus raros palavrões ao comentar: "Estou preocupado, parece que estamos criando uns merdinhas".

"Bem, estou perto das crianças todo dia, todos os dias", respondi. "Cara, eles são uns merdinhas."

E agora anseio por mais jantares ridículos como esse, com maus modos, pés sujos, palavrões e todo o resto.

Porém, nos sentamos em um triângulo ao redor da mesa, comendo a refeição preparada por amigos e deixada em um *cooler* perto da porta da cozinha. Tento treinar para pegar apenas três pratos no armário, mas a memória muscular está programada por mais de uma década para pegar quatro. Tenho que lembrar todas as noites: três, não quatro.

Sento-me sozinha sob a janela, no banco que Jack e Margaret costumavam dividir. Margaret havia começado a se sentar na minha cadeira sem mencionar nenhuma palavra. Damos as mãos, o que agora envolve uma longa extensão em diagonal, e entoamos sem entusiasmo: "Deus é grande, Deus é bom, e nós lhe agradecemos o nosso alimento". Margaret começa a choramingar por algo, parecendo mais ter quatro anos que dez.

Posso perceber que a frustração de Tim está vindo à tona, porque as duas veias de sua testa — apelidadas de Tigre e Eufrates — começam a ficar salientes. O jantar vai desandar bem rápido.

Já estou de pijama de flanela e roupão, e não são nem seis horas. Apesar da minha exaustão para sobreviver ao dia, mergulho com rapidez no modo intérprete de emoções.

Evitando qualquer contato visual, digo para o meu prato, de maneira formal, porém neutra: "Fico me perguntando se Margaret está cansada de comer as coisas que as outras famílias preparam para nós. Com todas as mudanças em nossa vida, esta é só mais uma das coisas que ela precisa administrar. E me pergunto se papai está frustrado por não comermos em paz sem choro ou reclamação. E se está preocupado com o fato de, em todo jantar, a partir de agora, ser assim".

Ninguém diz nada em resposta, mas a tensão desaparece. Comemos.

Jack era um grande decodificador de emoções. Lembro-me de quando, algumas semanas antes do acidente, ele me chamou para um canto do corredor do andar de cima em uma noite em que Margaret trouxera uma amiga para dormir em casa. "Alexis é um ano mais velha do que Margaret, e você está fazendo as duas dormirem cedo demais. Acho que isso vai deixá-la sem jeito." Ele tinha razão; eu não havia percebido.

Jack parecia ter uma grande percepção do nosso humor, falando comigo em particular e tentando explicar à jovem Margaret que os pais ficam mais irritados e reclamões tarde da noite; portanto, se elas fossem aprontar alguma, com certeza era melhor que fosse mais cedo. Preciso dele aqui para nos ajudar em tudo isso!

Mas estamos tentando ao máximo prosseguir sem ele. Buscamos por pistas em nossos métodos de colaboração, mesmo não os compreendendo. Tentamos decodificar qual poderia ser o propósito de Deus em nos dar sinais de alerta antes e nos consolar depois, porém sem se incomodar em salvar nosso filho. Tentamos descobrir como agir normalmente para que Margaret se sinta segura, mas sem fingir que está tudo bem. Porque não está. A realidade é que sentimos falta de Jack. Nossa vida parece artificial. Estamos chocados. Confusos. Tristes. Desolados.

Voltamos do jogo de futebol de Margaret, que fica há uma hora de casa. O futebol é a única coisa pela qual ansiamos nessas semanas longas, silenciosas e vazias, quando a igreja não é mais um refúgio, e sim apenas algo que suportamos. Acho que vai ser bom ela jogar este ano. Não temos beisebol, nem escoteiros, nem grupo de jovens. Tim acelera na estrada e dá uma guinada, fazendo com que eu bata na alça de plástico acima da minha cabeça. Do banco de trás, ouço Margaret dizer em um tom sarcástico: "Jack, estamos a caminho! Estamos a caminho!", e todos rimos. O riso sempre foi um dos maiores dons de nossa família. E a sensação é muito boa.

DEZENOVE

Se tivesse feito uma lista de quem eu achava que estaria conosco para tentar juntar os destroços depois de uma tragédia, ela teria saído errada. Não totalmente errada, mas imprecisa. E, em uma época em que muitas pessoas se sacrificam para nos ajudar, posso ficar surpresa, mas não desapontada.

Logo aprendo que proximidade entre pessoas não determina quem vai aparecer para ajudar. Minha vizinha Jenn e eu nos conhecemos menos de seis meses antes do acidente, mas ela participa do nosso luto, comparecendo fisicamente para suprir nossas necessidades; emocionalmente, vindo com frequência à nossa casa em vez de manter uma distância educada; e espiritualmente, quando permite que a morte de Jack penetre em seu coração e se volta a Deus. Quando alguém pergunta por que sua família vai à igreja e estuda a Bíblia agora, ela responde apenas: "Jack".

Karen, a mãe de uma das colegas de classe de Jack, o conhecia principalmente pelas histórias engraçadas que a filha contava à mesa do jantar com o passar dos anos. Nosso contato era apenas um aceno na fila para pegá-los ou algum papo furado de dentro dos carros. Agora, Karen quer notícias minhas quase diariamente, encontrando meios para imortalizar Jack e me perguntando sobre a batalha que estou travando em determinado dia, para que ela possa direcionar suas orações. "Quero ser seu Barnabé, Anna. Sua incentivadora." Karen sofre muito com a morte de Jack, mas recusa-se a se afastar.

Por sua vez, Mary, uma de minhas melhores amigas por uma década, fica distante e, então, desaparece de vez de minha vida. Fico chocada, confusa e preocupada. Alguns dias, sinto que estou pensando mais em Mary que em Jack, embora saiba que não seja verdade. Sei que a morte de Jack é algo difícil para meus amigos. Alguns não estão dormindo nem comendo. Outros fazem sessões emergenciais de terapia ou precisam de medicação. Mary, que era mais próxima de Jack do que as outras, é a que mais me preocupa, porque ela parece ser incapaz de fazer parte de nossa comunidade de luto, onde há muita dor, mas também existe a possibilidade de cura conjunta. Perdê-la piora minha dor. Aprendo que a morte rompe coisas, até mesmo amizades.

Tento deixar claro o que preciso dos amigos, escrevendo sobre isso no meu blog, porque sei que provavelmente estão tão confusos e assustados quanto eu. Não peço às pessoas que se sentem comigo no meio da noite, enquanto choro, ou que apareçam todos os dias para ter certeza de que não farei nada contra mim mesma, embora saiba que alguns fariam isso, se eu precisasse.

Em vez disso, procuro um local macio para pousar. Quero ouvir como a morte de Jack afetou meus amigos. Quero saber se já vivenciaram milagres ou sinais. Quero repassar a tarde do acidente, como se discutir quais detalhes sabemos fosse me ajudar a compreender como tudo isso aconteceu. Quero que uma olhe na cara da outra e chore. Diga a palavra "F...". Questione Deus. Quero ouvir que Jack significou algo. É na hora de contar e recontar que atravessamos um território doloroso e obtemos uma visão clara das coisas.

Não importa de que forma isso venha, será uma mostra real de sentimentos; não importa que seja hesitante, esquisita ou atrapalhada. Vai ser bom suspender conversas triviais por um momento ou até mesmo por uma temporada. Não dou a mínima para quem fica mais tempo em campo no futebol, onde conseguimos um bom pedicuro, ou o que todos acham dos testes padronizados. Já dei. Talvez no futuro voltarei a dar. Mas não hoje. *Não fale sobre coisas estúpidas. Não fale sobre coisas estúpidas,* tento conduzir as pessoas silenciosamente com o meu cérebro. Não funciona.

Sei que minhas amigas e eu voltaremos a ter relações mais recíprocas em algum momento, ao menos espero que sim, porque quem quer ser apenas aquele que pede, e não aquele que dá? Mas, para mim, agora é tempo de processar o que aconteceu com pessoas que se importam conosco.

O luto é meu trabalho nesse momento, e tenho medo de evitá-lo ou de fugir dele. Tudo o que ouvi falar a seu respeito é que, se tentar bloqueá-lo, negá-lo ou apressá-lo, ele só vai ser adiado, e terei que lidar com isso depois, e daí será pior. O "pior" me deixa em pânico.

De qualquer modo, não sei ao certo o que significa "lidar com isso". Não que eu esteja tentando superar a lembrança de Jack; portanto, se "lidar com isso" significar algo assim, realmente não estou interessada. Por que motivo iria querer "superar" a lembrança de um garoto de olhos castanhos que me ensinou a amar e que me amou de todo o coração?

A explicação mais próxima que consigo imaginar é que quero vivenciar meu luto, e não fugir dele, desviando-me de situações dolorosas enquanto faço uma tentativa fútil de escapar de algo medonho que esteja na verdade preso ao meu corpo. Não posso me livrar disso, a menos que meu filho de doze anos apareça no balcão da cozinha comendo um *taco*. Tento me manter consciente de como me sinto em cada momento. Ainda recuso-me a dizer "Bem" quando as pessoas perguntam como estou, porque não acho que fingir faça bem a ninguém.

Os amigos que estão passando pelo luto conosco precisam enfrentar a própria versão dele e vivenciar isso. Esses amigos correm o risco de serem oprimidos pelo luto, sendo sugados nas próprias formas de depressão, medo e amargura. Correm o risco de não participar do cotidiano de suas famílias enquanto ajudam a nossa. Fico pensando se aqueles que nos acompanham nos sentem como um fardo sobre os ombros, como se não tivessem escolha para ignorá-lo ou afastá-lo.

Será que é o sorriso de Jack no meu blog no primeiro dia de aula, um dia antes de morrer, que atinge o coração deles e não permite que se afastem? Será que é uma amizade duradoura com nossa família? Será que tem a ver com observar seus filhos adormecidos na cama e abaixar a cabeça para fungar no pescoço deles? Ou será que apenas algumas pessoas são mais naturalmente compatíveis para demonstrar compaixão e empatia em tempos difíceis, enquanto outras, não? Não sei, mas me sinto humilde e maravilhada com cada pessoa que entra no lamaçal. Não estou dizendo que seja fácil ser amigo de uma mãe que está de luto. Não acho que seja.

Algumas pessoas que aparecem expressam o receio de estar ultrapassando os limites. De que nossos laços, até agora, eram secundários, afinal de contas, se é que existiam, mas mesmo assim elas vêm. Agradeço a cada uma de todo o coração, porque você pode ser a pessoa exata que eu precisava nesse momento de solidão. Fugir, devido ao temor de intrusão ou de forçar intimidade, privaria nós duas de fazer parte de algo sagrado. Pois vejo a divindade em dar e receber amor quando não há absolutamente nada que possa ser estipulado, e quando não há nenhuma estratégia de saída à vista.

As leitoras do blog questionam se é apropriado prantear uma criança por todo o país, ou até mesmo pelo mundo afora, sem nunca tê-la conhecido. Maridos confusos lhes perguntarão: "Por que você faz isso consigo mesma? Por que não sai do computador, se o blog sempre a faz chorar?" Mas elas não conseguem. Não vão se afastar. Sabem que escrever me ajuda; então, milagrosamente, comprometem-se a ler o que escrevo para que eu tenha uma razão para continuar dando as caras.

Se tivessem me perguntado antes da morte de Jack, teria dito que estava mais do que feliz com meus relacionamentos. Que estava atarefada demais e não procurava novos amigos. Mas excluir a possibilidade de novas amizades agora, por estar me agarrando àqueles que escapuliram, é como tentar me agarrar a Jack. Seria mais fácil tentar reter a água nas mãos em concha enquanto escalasse o pico de uma montanha. Prometo a mim mesma que nunca acharei que os amigos mais chegados de alguém estão satisfazendo às suas necessidades em uma crise e que não usarei meu sentimento de inadequação como desculpa para não me aproximar de alguém.

Uma das maiores surpresas é a maneira como nossa grande comunidade faz-se presente. Fitas azuis acenam das caixas de correio, e árvores e cercas são como um abraço em um dia brutalmente miserável. Textos de uma linha dizem apenas: "Amo vocês e estou orando". Cartões na caixa de correio. Um amigo coloca o cortador de grama no carro, alguns dias depois do acidente, e vem cortar nosso gramado depois de terminar o seu. Pessoas cozinham para nós. Amigos on-line que, pelo meu bem, investem em conhecer Jack agora, embora nunca mais o encontrarão aqui na terra. De alguma forma, o reconhecimento da comunidade, em vez de nos fazer chafurdar na dor, nos fortalece.

Porém, quando penso na comunidade, me pergunto se é mesmo necessário que tantos sofram. Quero dizer, Tim, Margaret e eu devemos sofrer porque Jack era nosso. Prantear é o preço que pagamos por amá-lo tanto. Seu sorriso, sua voz, seu toque eram nossos, e os perdemos. Mas e a tristeza que assola uma pequenina escola, cai sobre uma cidade e se espalha por todo este país e mundo afora por intermédio de amigos e da mídia social? É certo querer que os outros compartilhem de nossa dor, ou é pedir muito?

Odeio usar a analogia do afogamento. Tenho sido golpeada com tantos hinos e canções de louvor sobre esse tema, e até mesmo relacionado o luto com o afogamento, o que é demais para mim. Na semana passada, Margaret e eu contamos cinco canções seguidas em nossa estação de rádio cristã que falavam de tempestades, ondas, ser sugado, afogamento e enchentes. Mas tem uma imagem que me vem com frequência à mente quando penso na comunidade. É a da nossa família reunida no meio de um lago gelado, com uma superfície de gelo bem fina. Ali é um lugar solitário. E o peso da dor e da saudade de Jack caindo sobre nós é tamanho, que o lago começa a rachar.

Então, vejo todos nós de bruços na superfície e abrindo braços e pernas, quase como se abraçássemos o gelo. Não podemos sequer tentar sair dali, ou certamente cairemos, por isso abraçamos aquela presença gélida, dura e hospitaleira. Amigos, aqueles que conhecemos e aqueles que talvez não encontremos por muito tempo, também estão espalhados, unindo mãos e pés, até que tenhamos todos redistribuído nosso peso, criando uma teia ou o formato de um floco de neve, que se estende até as margens do lago, sobre a superfície sólida, para nos manter seguros. Tim, Margaret e eu não vamos sucumbir. Não hoje, pelo menos.

VINTE

Quando Jack era pequeno, mesmo ainda bebê, atingia todas as etapas no tempo certo ou precocemente. Será que sou a única mãe que se envolveu em tudo isso, defendendo o fato de que toda criança desenvolve-se em ritmos diferentes, enquanto espera em segredo que a dela deixe todas as outras comendo poeira? Meu orgulho pairou sobre nosso adorável, brilhante e "perfeito" primogênito, com quem eu desfilava como um pônei de circo. "Diga o ABC em francês, Jack!" Insistia, sem o menor tom de desafio ou incentivo, e ele dizia. Devo ter sido uma amiga insuportável. Eu ficava muito orgulhosa dele.

Jack se sujeitava em ser visto como o Segundo Advento em nossa casa, com uma lista de coisas que ele desenvolvia com tanta facilidade: conversar, sair das fraldas, ser colocado em novas situações, o que fosse desejado.

Na pré-escola, ele agradava aos professores com suas habilidades linguísticas precoces. Lembro-me de quando nos contaram que ele soletrou a palavra *"semaphore"** só de ouvido. *Semaphore*? Eu nem sabia que existia essa palavra. (Tem a ver com código alfabético, a propósito.) Enquanto alguns de seus colegas ficavam parados em um canto, fazendo cocô nas fraldas, Jack já estava lendo.

Fiquei tão cega com sua atitude e minha brilhante maneira de criá-lo, que precisei de tempo para perceber onde Jack tinha dificuldades. Por exemplo, ele tinha determinadas maneiras de fazer as coisas e parecia preferir se meter em confusão para terminar o que fazia, de sua maneira precisa e única, a seguir o que os professores pediam, quando pediam. Meter-se em confusão parecia não fazer parte do caráter do Jack que conhecíamos em casa, e ficamos nos perguntando se não haveria outra coisa acontecendo. Ele também chorava muito e parecia extremamente sensível.

---

* Sistema de envio de mensagens utilizando os braços e duas bandeiras, que a cada posição indica um símbolo do código alfabético. [N. E.]

Não gostava de ver Jack em dificuldades. Ficava frustrada quando ele voltava para casa com um boletim que não fosse excelente. Sim, na pré-escola. Ainda não aceitava que não só não temos que ser perfeitos como também jamais conseguiremos ser. E também não percebia que toda criança é diferente.

Tinha vivenciado o sucesso na minha vida até aquele ponto e era levada a um "sucesso" parecido na criação de Jack. Tentava não detestar seus professores cruéis e sem coração da pré-escola (porque, obviamente, é exatamente esse o perfil de quem ensina em uma pré-escola, certo?) por tentarem colocar meu bebê em uma caixa, pela tentativa de *quererem* que Jack coubesse naquela caixa, pois do contrário a vida seria mais fácil para ele e principalmente para mim. Lá no fundo, fiquei pensando se não havia algo errado nisso.

Tim, com sua personalidade estruturada, tinha tendência a padrões de comportamento e etiqueta, recompensas e punições. Eu queria que Jack se comportasse apenas porque era a coisa certa a ser feita, e achava que um garotinho tão maduro deveria entender isso. Tim e eu colocamos nossos históricos e bagagens familiares na mesa, misturamos tudo com uma dose de medo e insegurança, e agitamos a coisa toda com uma grande pitada de expectativas sociais. Não é à toa que Jack referiu-se a si mesmo mais tarde, meio de brincadeira, como nosso "filho amestrado".

Meus piores momentos como mãe se originaram da preocupação com o que os outros pensavam. Sabia que Jack era um garoto incrível, de coração puro e natureza generosa, mas, quando tirei os olhos do que achava que era verdade, quando deixei meu orgulho entrar na história, fiquei frustrada e tomei decisões que não eram as melhores para ele.

Nunca esquecerei quando deixei um salva-vidas adolescente afundar Jack em uma aula de natação, só porque me sentia pressionada pelas mães do time de natação ao meu redor. É claro que eu sabia que não havia como fazer Jack se sentir confortável na água, mas cedi porque era como se, de alguma maneira, não estivéssemos à altura dos demais. As outras crianças saíam do salto da plataforma, e Jack ainda nadava cachorrinho, reclamando quando entrava água nos olhos. Queria que ele se adaptasse. Que fosse um garoto dócil. Mas, depois, entreguei os pontos. Desculpei-me com Jack mais tarde e fiquei com o coração partido de ver o olhar confuso que ele me deu, como se realmente não conseguisse compreender como a mãe dele poderia ter concordado em deixar alguém afundá-lo. Jack acreditava em mim como mãe, ainda mais do que eu mesma. E, é claro, ele aprendeu a nadar no próprio tempo. Fico grata por ele ter me perdoado por isso e por outros erros que cometi em sua educação.

O lado positivo de criar um filho que às vezes tinha dificuldades foi ter me direcionado para Deus, tirando-me do foco no sucesso mundano. É fácil ser seduzido pelos padrões da sociedade quando seu filho atua lindamente dentro da estrutura considerada normal. Você pode ser o pai que fica irritado no campo de futebol e acha que é engraçado gritar, em tom de brincadeira: "Faça um gol ou ficará sem jantar esta noite!".

Mas, quando seu filho é, de alguma forma, diferente, você é guiado para muito além das fileiras de perder ou ganhar e dos concursos de popularidade. Para alguns pais, é a constatação de que seu filho nunca vai falar nem caminhar por si próprio. Para outros, significa que ele nunca será capaz de ter um amigo verdadeiro. Essa nova realidade renderá piadas totalmente inaceitáveis sobre o "ser de mente lesada", além de preocupações sobre o par do baile de formatura, e aulas em turmas avançadas estarão fora de cogitação.

E esses desafios geralmente nos guiam para Deus. Para as questões do coração. Para amar bem o filho que você recebeu, não aquele que pensou que teria. Para contar com Deus, quando suas reservas estiverem muito baixas, e aceitar o perdão e a graça quando você estragar tudo. Ao menos, foi assim com Jack.

Sempre amei Jack, mas, conforme o tempo foi passando, comecei a aprender a amá-lo bem.

Não acredito que não terei a vida toda para continuar com isso.

VINTE E UM

Quase todas as manhãs antes de ir para a escola, durante o ano inteiro seguinte à morte de Jack, Joe percorre a longa entrada da casa dos avós de Daniel para que os dois possam ir juntos. Quase todos os dias, antes do café da manhã, ou mesmo de uma simples xícara de chá, vejo os dois garotos com quem Jack brincava em seus últimos instantes na terra. Estão sadios. Jack se foi. Não que eu deseje que eles morram; apenas estou arrasada por Jack estar morto. E vê-los vivos quase todas as manhãs intensifica minha dor.

A cortina de papel pardo, colocada no dia após o acidente, ainda está colada na janela da cozinha. Isso ajuda bastante, mas nossas casas são muito próximas, e a porta de vidro da garagem me dá uma visão completa dos garotos, todas as manhãs, antes de me sentir pronta. Será que me sentirei pronta algum dia? Eles ficam a apenas alguns metros de mim enquanto me inclino no balcão, apressando-me para fazer um lanche da escola, não dois.

A dor me oprime. Minha cama me chama de volta, incitando-me a renunciar a esse dia antes mesmo de começá-lo. Vê-los me leva direto ao trauma de estar parada junto ao riacho, gritando para que me olhassem, procurando Jack desesperadamente, meu cérebro tentando processar o que eu via.

Em vez de voltar para a cama, deixarei Margaret na escola e seguirei pela cidade rumo à livraria, onde há boas chances de encontrar Joe e Daniel de novo, quando cruzarem a rua a caminho da escola. "Por favor, Deus, NÃO!", imploro, quando vejo as mochilas já conhecidas, os chumaços de cabelo. Freio o carro diante da placa "Pare", e eles atravessam na minha frente. Dois encontros antes das nove.

Nos dias amenos, quando o tempo de outono conserva um pouquinho do verão e quase consigo fingir que o horror de setembro nunca ocorreu, ouço as crianças brincando e gritando, andando em seus *karts* na entrada de casa.

Não é Margaret. Ela não brinca mais na rua — não sem Jack. Eles eram uma equipe, sempre juntos. Às vezes ele a mandava para uma missão lá na entrada para "verificar a caixa de correio", uma ideia que, esperavam, iniciasse a diversão no bairro. Ou subiam na árvore ao lado da garagem e ficavam lá conversando, até que outras crianças aparecessem e se juntassem a eles para brincar de pega-pega ou jogar futebol.

Agora, quando ainda está agradável para brincar lá fora depois do jantar, Joe e Daniel são os últimos rostos que vejo na entrada antes de apagar as luzes da cozinha e descer meio lance de escada para me entorpecer com TV e sorvete. Os primeiros pela manhã. Os últimos à noite.

O contato repetido não deveria amenizar a dor? Essa não é a minha versão de terapia de exposição? Não deveria ser capaz de olhar para eles, agora, sem ser transportada à cena do acidente? Assim como existem muito mais coisas sobre Jack além de ter sido um garoto que teve uma morte trágica, certamente há muito mais a respeito desses dois do que um momento em que viram um de seus amigos ser arrastado pela correnteza na frente deles.

Joe e Daniel cresceram muito próximos, e a ligação entre ambos provavelmente se fortaleceu pelo trauma que vivenciaram juntos — um trauma que nenhuma criança deveria sofrer. Tenho certeza de que a família deles está preocupada com os dois, e grata por terem um ao outro. Fico me perguntando se estão recebendo ajuda. Se conseguiram conversar com alguém sobre como foram aqueles segundos finais. Não falo com eles a respeito disso, tampouco planejo fazê-lo. Não consigo encará-los. Não quero vê-los, nem suas famílias, porque isso só me lembra o meu horror no riacho naquele dia ou o que eles têm, e nós, não.

Nossas interações chocadas e entorpecidas com os garotos e as respectivas famílias naqueles primeiros dias, quando trocamos abraços afetuosos e sentimos algo semelhante a amor, tinham dado lugar ao estranhamento e à dor. Vivemos muito próximos e sempre estamos dando de cara um com o outro, enquanto tentamos descobrir como passar pelo luto. Isso significa que qualquer saída de carro ou ida ao lixo reciclável ou orgânico é uma possibilidade de encontro com os garotos ou com a família deles, e meu corpo sempre fica tenso antecipadamente. Uma dor pungente instala-se em meus ombros.

Fico preocupada com os garotos e com como estão lidando com tudo isso, mas minha aflição por eles é minúscula se comparada à minha própria dor e tristeza, o que me deixa ainda pior. Uma sementinha de amargura caiu em meu coração e enraizou-se. Tento argumentar comigo mesma. Eles são crianças! É claro que devem se movimentar, rir e brincar na rua. Uma criança não pode sustentar um estado constante de lamentação. E, obviamente, eles devem ir à escola, mas é como se Jack tivesse sido substituído, na iminência de ser esquecido para sempre, enquanto todos antes ao redor dele crescem.

Gostaria que meus vizinhos providenciassem o encontro dos garotos em outro lugar pela manhã, ou que os dois brincassem na casa de Joe, um pouco mais longe, depois da aula, para me darem um tempo. Os garotos nunca teriam que saber o motivo, é claro, porque seria doloroso, mas acho que os adultos poderiam compreender que vê-los com tanta frequência seria difícil para mim, Tim e Margaret.

Minha melhor amiga, Diana, vem nos visitar e precisa passar com o carro pelos garotos e seus *karts* na entrada, para estacionar debaixo da árvore. Na cozinha, seus olhos se arregalam. "Como você consegue? Toda vez que um dos amigos de Lucy está no meu carro, sei que, se algo acontecesse com aquela criança, mesmo não sendo minha culpa, minha amizade com os pais teria que ser sacrificada. Seria doloroso demais que me vissem, ou a Lucy. Mas, cara... Não há como evitar isto! Isso acaba comigo, Anna!"

Acaba comigo também. Não quero fugir das pessoas, dos lugares, dos sentimentos, nem, com certeza, do meu luto, mas estou tendo dificuldades. Tenho certeza de que as pessoas ficam se perguntando se nos mudaremos, mas quem tem energia para algo assim tão colossal? Acabamos de perder nosso filho. Não quero ter mais nenhuma perda — a perda da nossa casa, do lar dele.

Converso com minha pastora Linda durante o almoço. "É duro o fato de eu me sentir mal cada vez que vejo meus vizinhos. Sei que o problema é meu e que preciso mudar. Deveria ser mais amorosa, mas dói demais. É como se, caso me aproxime deles com amor, vou estar fingindo, e então doerá ainda mais. De alguma maneira, agir assim vai significar que Jack não tinha importância."

Ela toca a minha mão. É pastora, mãe e minha amiga, que ainda chora à noite quando pensa em Jack no riacho. Ela não me diz que eu deveria ser mais gentil ou ter uma atitude mais cristã. "Não existem *deverias* aqui, Anna. Pegue mais leve com você mesma. Se sua mão está esfolada, tudo bem passar uma pomada para protegê-la. Você não está ignorando o machucado, só dando a si um pouco mais de conforto. Suavizando sua dor. Encontrar um bálsamo não significa que esteja fugindo da dor e do luto. Existe um bálsamo para essa situação?"

Não consigo pensar em nenhum, mas fico com a ideia girando na minha cabeça. E começo a perceber que ver os dois garotos todos os dias deixa minhas feridas em carne viva de novo.

O Halloween é nosso primeiro feriado sem Jack, um dia que traz doces lembranças dele vestido de panda, de abelha, de pirata. Nunca me esquecerei de como ele ficou surpreso quando apareci com uma fantasia que ele acabou vestindo por três anos seguidos: médico zumbi. Ele sabia que eu não gostava de sangue e comentou: "Adorei, mamãe! Não consigo acreditar que você me trouxe isso!"

"Nem eu", foi minha resposta satisfeita.

Este ano, Tim dá uma volta com Margaret e Alexis pela vizinhança, e as garotas tremem de frio nas suas fantasias de Alice no País das Maravilhas, lindas demais para serem cobertas com casacos. É a primeira vez de Margaret no "travessuras ou gostosuras" sem Jack. Ele nunca a abandonou para poder sair com os próprios amigos. Tento ficar entusiasmada por ela, decorando a casa, comprando a fantasia e escolhendo os doces para distribuir.

Quando vejo Joe e Daniel parados na entrada da casa, do lado de fora da nossa cozinha, tirando fotos com suas fantasias idênticas, sei que estou ferrada. Ferrada. Sei agora que não tem como encorajá-los sutilmente a brincar em outro lugar. Não haverá bálsamo. Nem conversas gentis sobre a maneira estranha, porém importante, de os pais lamentarem seu luto. É claro que os pais e os avós dos meninos não conseguem perceber como é doloroso ter Joe e Daniel sempre por perto. Talvez as coisas fossem diferentes se eu fosse corajosa o suficiente para pedir o que preciso.

Quando Joe e Daniel batem na porta, sorrio, entorpecida, e entrego-lhes os doces. Depois de esperar mais alguns minutos, apago a luz da varanda, deixando a tigela de doces na cadeira para quem passar por ali. Simplesmente não consigo lidar com aquilo.

Certo dia, muito tempo depois, a avó de Daniel, Donna, me chama no gramado, perto da minha lata de lixo, quando vou entrar no carro.

Ela tem me observado. "Você bate a porta do carro quando entra. Não sorri. Não dá mais 'oi'. Os garotos estão com medo de você! Você não precisa abraçá-los, Anna, mas precisa dar 'oi'!"

Suas palavras me deixam atordoada e arrasada. Sinto-me um fracasso como mãe. Como vizinha. Como ser humano. Ela tem razão. Queria ter condições de fazer os garotos se sentirem melhor, mas o que ela me pede parece ser demais.

Naquele momento, minha relação com as famílias de Joe e de Daniel me dá a impressão de não ter mais conserto. De alguma forma, Tim consegue olhar os pais e os avós dos meninos nos olhos, quando leva Shadow para passear, dar um "oi" afável e manter uma conversa social, embora ele me confesse que ver os garotos jogando e andando de bicicleta na entrada de nossa casa atinge-o em sua essência. Ele apenas encontrou uma maneira de racionalizar as coisas, mas isso também me frustra. Quando para a fim de conversar com o pai de Joe, enquanto caminhamos pelo quarteirão, quero gritar: "Nosso filho morreu bem ali, no seu quintal. Por que estamos agindo como se tudo estivesse normal?"

Estou ciente de que tenho a graça dentro de mim, e que ela tem fluído com algumas pessoas e não com outras. Isso não é bom. Em uma epifania, sinto que Donna e eu estamos apenas tentando diminuir um pouco a dor, a dela pelos garotos, a minha por mim mesma. É uma situação inexplicável.

Por fim, começo a acenar e a dar "oi" de novo. Não quero, principalmente porque não gosto que me digam o que fazer. Esses pequenos esforços são excruciantes e fazem com que me sinta miserável. Mas a escolha contrária — continuar a ignorar os garotos — tampouco se parece com quem sou.

E quem eu sou, afinal de contas?

Como é possível que eu tenha ido de mãe amiga, que fazia *happy hours* divertidos nas sextas à noite e dava festas no balão de retorno, a vizinha assustadora e amarga?

VINTE E DOIS

"Você conseguiu! Você conseguiu!", grito, meu rosto se contorcendo de dor e raiva. Estou parada em um semáforo, berrando com Deus. Dou uma olhada para mim mesma pelo espelho retrovisor. Estou feia e com cara de louca. Se as pessoas dos carros ao lado olhassem para mim e me vissem sozinha, agarrada no volante e com o rímel escorrendo pelo rosto como lágrimas negras, pensariam que estou gritando com Deus?

Digo aos meus amigos como costumava assegurar a Jack e Margaret que não havia problema em ficar irritado com Deus. Que ele aguenta esse tipo de coisa. E vim a descobrir que, embora a fé de muitas pessoas tenha se fortalecido depois da morte de Jack, tenho outros amigos que estão tão furiosos e magoados que consideram essa a gota d'água no seu relacionamento com Ele. No geral, porém, eu me considero mais chocada e frustrada do que irritada. Mas, normalmente, quando falamos aos nossos filhos: "Não estou irritado; estou frustrado", ainda há um quê de raiva quando rangemos os dentes e tentamos dar uma impressão de falsa naturalidade. Não estamos fazendo-os de bobos e acho que também não estamos enganando Deus. Hoje, estou irritada.

Uma manhã, não faz muito tempo, coloco minha cabeça entre as mãos na mesa da cozinha, falando em voz alta e frustrada: "Por que Deus nos daria sinais de alerta se Ele ainda assim iria levar Jack? Se não teríamos o que fazer para salvá-lo?". Não quero que Margaret ouça, mas ela ouve. Ela contorna a mesa e me diz: "Deus não fez isso acontecer, mas Ele *sabia* que aconteceria".

Oh! Acho que isso pode explicar por que Ele nos alertou, mas não interveio. Talvez Ele seja um Deus que observa, observa, observa, enquanto os eventos se desdobram, sabendo deles antecipadamente. Mas isso me faz vê-Lo como um ser insignificante e impotente. Se Deus for impotente, realmente não tenho por que culpá-Lo, e Ele vai se safar dessa com facilidade. Se Ele só colocou o mundo em movimento, recuou e deixou que tomasse o próprio rumo, é outra coisa. Coisas ruins acontecem. Pecados acontecem. Enchentes acontecem. Acidentes acontecem.

Mas eu não quero um Deus impotente. Não quero que meu Deus seja criador e, depois, mero observador, com alguns avisos de alerta de antemão. Quero um Deus grandioso. Um Deus com um plano. Um Deus que esteja intimamente envolvido na minha vida, aqui e agora.

E, se Deus for um Deus grandioso com um plano, odeio o plano Dele. Não apenas para nós, mas para tantos outros que sofrem neste mundo. Tenho medo de contar às pessoas que eu acredito que Deus tinha um plano para Jack, para nós, que tem um para eles também, porque temo que Deus possa parecer cruel e desorientado. E, por mais irritada que esteja, não consigo criticá-Lo. Não porque tenho medo de que Ele vai investir contra mim nem ficar desapontado. Ele não é uma criança petulante. Ele quer que eu seja verdadeira com Ele, e serei. É só que, bem lá no fundo, ainda sinto que podemos confiar Nele.

Sei que não sou a única tentando experimentar ideias diferentes de avaliação. Liz me liga: "Não acho que Deus tenha causado o acidente, mas acho que Ele pode repará-lo", diz ela, tentando convencer a si mesma e a mim. Sabemos que muito disso é um fluxo positivo que brota e sai da nossa dor, como as mães que passam a aceitar mais os filhos que Deus lhes deu, ou famílias que percebem que há muito mais na vida do que apenas coisas materiais, ou ainda pessoas que se voltam a Deus para respostas e consolo. Esses são os frutos de nossas perdas, mas poderiam também ser a razão delas? Liz não pensa assim.

Uma ideia é que Deus levou Jack. Que os dias dele estavam contados no livro de Deus desde seu nascimento. Que, assim como Deus conhecia Jack intimamente, Ele sabia quando seria a hora de Jack ir para casa e para o céu. Mas Ele não só sabia disso como também fez isso acontecer. Porque Deus está no controle de tudo.

Quer dizer, por que estamos tão prontos a dar crédito a Deus por tudo de bom que acontece em nossa vida, desde encontrar nosso companheiro, ir bem em uma prova ou conseguir um emprego de que gostamos, e mesmo assim deixamos Ele de fora quando acontecem coisas ruins? Parece ridículo, não parece? Ele não é poderoso o bastante para comandar nosso destino? Porque é esse o Deus que eu quero adorar, não um talismã da sorte ao qual apelamos para nos ajudar a encontrar uma vaga no estacionamento quando estamos atrasados. Quero um Deus poderoso que deseje fazer as escolhas difíceis e impopulares porque Ele vê o panorama da situação e sabe o que é melhor. É claro que Ele quer nossa adoração, mas não precisa da nossa aprovação.

Fico pensando que a morte de nosso filho não tenha sido um acidente aleatório, um simples resultado de um livre-arbítrio, a consequência de um mau julgamento ou do tempo ruim, mas, sim, de alguma maneira, parte de um plano maior. E um Deus amoroso, que mantém todas as peças em Suas mãos, pode ver o panorama todo que nós não conseguimos.

Algumas pessoas cogitam que Jack tenha sido poupado de alguma dor ou desilusão maior ao morrer jovem. Sua morte violenta no riacho torna difícil imaginar como isso pode tê-lo poupado de algo, mas também considero essa ideia, ponderando-a. Ele era a criança com quem eu mais me preocupava, porque sentia as coisas com muita intensidade. Será que o acidente o livrou de alguma dor ainda maior? Jack nunca enfrentou nenhum abuso, vício ou coração partido. Nunca se desgarrou de Deus. Nunca passou um dia sem se sentir amado e cheio de esperança. Morreu em um dia espetacularmente divertido, no qual não conseguia parar de sorrir. Mas tenho dificuldade em acreditar que ele precisava ser poupado de algo, porque Jack era um vencedor, e queria que ele tivesse a chance de continuar vencendo.

Ou será que Jack morreu por algo que eu fiz ou deixei de fazer? Será que nosso sofrimento teria a finalidade de criar em mim e em Tim perseverança e força de caráter? De nos fazer depender mais completamente de Deus? Ou são apenas frutos do que aconteceu? Não acredito em um Deus que levaria meu filho para me tornar mais compassiva, amorosa ou cristã. Receio que isso seria uma transgressão de contrato.

Também existem os momentos sobre os quais não falo com ninguém, em que me sinto uma péssima pranteadora. Quando saio no ar revigorante do outono, o sol aquece o meu cabelo e o riso vem de forma rápida e fácil. Uma sensação doce de contentamento pousa sobre mim. Parte do meu cérebro se torna consciente de que Deus está usando a morte chocante de

Jack para algo importante, e isso é poderoso, divino e, de algum modo, bom, muito embora eu não entenda os detalhes.

Nesses momentos passageiros e nesses raros dias, consigo enxergar além das circunstâncias por um momento, além do que Jack perdeu, além do riacho, e sinto alegria e esperança. Não sei o que espero, porque o pensamento de um futuro sem Jack faz meu estômago embrulhar. Mas pensar em Jack, não. Esse pensamento me faz sorrir e me enche de gratidão por ele ter sido meu e, de alguma maneira, continuar sendo.

Esses momentos me dão um alívio da dor. Será que são o resultado de tantas pessoas orando por nós, assumindo um pouco do fardo elas mesmas? Penso no versículo: "O Senhor está perto dos que têm o coração quebrantado", e me pergunto se é isso o que estou sentindo: um Deus tão próximo que meu coração quebrantado se torna um coração que-brantado *aberto*, mais como um receptáculo de amor, conforto e graça, que estão mais perto do que minha própria pele.

Tento não analisar muito. Não há culpa na minha falta de lágrimas nem na risada que me faz balançar a cabeça, lembrando-me de algo engraçado que Jack tenha feito ou dito, algumas memórias de vida em família. Apenas aceito esses momentos e os chamo de "fragmentos de paz". É uma paz que faz pouco sentido nessas circunstâncias. Uma paz que é completamente incompatível com uma separação devastadora, uma morte violenta, sonhos frustrados e potencial desperdiçado. Será essa "a paz... que excede todo o entendimento"? Não importa como você chame tudo isso, estou desesperada e magoada, e absorverei o que puder.

VINTE E TRÊS

Fico surpresa, no início de novembro, quando Tim me convida para dar uma caminhada com ele, porque não temos ido a nenhum lugar sozinhos desde o acidente. Estacionamos perto de uma ciclovia, e ele se embrenha tanto comigo em um bosque que me pergunto se ele quer transar comigo ou talvez me matar.

Mas ele quer apenas conversar, e também é o que quero. Só que é muito difícil. Não somos muito bons na comunicação e nunca sentimos necessidade de grandes conversas, mesmo no início de nossa relação. Lembro-me de como uma das minhas melhores amigas nos disse que ela e seu noivo ficavam acordados até de manhã, discutindo sobre questões complexas e mergulhando juntos em seus sentimentos. Tim e eu achávamos isso cansativo. Sem muita discussão, temos uma tendência em concordar sobre as coisas maiores e dar sequência às menores. Às vezes, nos pegamos em uma discussão antes de percebermos que falamos a mesma coisa, apenas expressando-a de modo diferente.

Mas agora a dor paira no ar entre nós.

Está na hora de descobrirmos o que faremos a seguir. Tim faz uma tentativa de início: "Devemos tentar ter outro filho para que Margaret não se sinta sozinha?"

Respondo: "Não sei. Não sei se é a coisa certa a ser feita agora. Deveríamos ter tentado há muito tempo".

Ele não diz nada. Tenta olhar para o futuro, mas eu fico revivendo o passado, como sempre faço. Ele recomeça: "Será que devemos nos mudar do bairro? É tudo tão triste".

Estou aliviada por ele trazer à tona exatamente o que tenho pensado, mas não consigo me concentrar em suas palavras porque estamos caminhando ao lado de um riacho. Um riacho com margens irregulares e tenebrosas, cercado por declives acentuados. Um riacho cheio de galhos pontudos, de deformações assustadoras e talvez com não muitos centímetros de profundidade. O mesmo riacho que matou Jack! Fica do outro lado da estrada — a mesma que havia inundado naquela noite —, mas é o mesmo riacho. Embora não haja nada, exceto terra e alguns centímetros de água, ele me aterroriza.

Como Tim foi capaz de me trazer aqui? Ele não entende como isso é traumático para mim? Como *ele* não ficou traumatizado com isso?

Conforme as semanas se transformam em meses depois do acidente de Jack, fica ainda mais claro para mim que, da mesma forma que nossas perspectivas dessa caminhada pelo riacho eram diferentes, o processo de luto de Tim e o meu também são inteiramente diferentes. De certa maneira, os papéis de antes do acidente, meu e de Tim, foram invertidos. Depois de um longo dia de trabalho, eu só quero me sentar em casa, cercada pela minha família — as paredes manchadas com a impressão das mãos de Jack e de Margaret, as gavetas de bugigangas cheias de coisas que pertencem à nossa vida. Quero manter Tim e Margaret próximos de mim. Quero guardar e descobrir objetos que signifiquem algo para mim. Meu estoque de energia continua baixo.

E Tim, por outro lado, começa a se tornar mais sociável e extrovertido. Quer se ocupar e se conectar com as pessoas. Não discutimos essa mudança, mas ela fica evidente em sua ânsia por ter algo a fazer, por deixar de lado as horas de silêncio. Para ele, um dia cheio no calendário da família é preferível a outro dia triste e vazio. Os homens da comunidade e o pastor da nova igreja vêm se reunindo uma vez por semana para ler a Bíblia e discutir onde Deus está, em vista do que aconteceu com Jack. Eles ficam até tarde da noite na companhia da Bíblia e de algumas cervejas. É uma oportunidade para Tim construir laços de amizade profundos e mais significativos.

Tim começa a convidar amigos para fazer trilha e *geocaching* com ele, bater papo no quintal ou ver beisebol na TV. Para mim, isso é excruciante, pois aquelas eram as atividades especiais que ele fazia com Jack. Mas, ao agir assim, Tim se sente mais conectado com o filho.

Ele tinha começado a correr recentemente, no final do verão, quando alguns amigos nos deram uma esteira, e agora passa a treinar pela primeira vez na vida para corridas: de cinco quilômetros, dez quilômetros, e, em breve, começam as maratonas. A atividade física punitiva lhe dá uma estrutura a ser seguida, além de ser uma saída para a dor. Logo ele acrescentaria uma liga de futebol adulto e tênis à agenda, que já incluía o time de *softball* de nossa igreja. Quando ele me conta que um pai, do outro lado da cidade, convidou-o para jogar *badminton*, caio na risada. O que virá depois? Croqué?

Certa noite, ele fica fora até as duas da manhã, fazendo salsicha com nosso vizinho. Salsicha!

Margaret começa a perceber que Tim sai muito, e sente falta dele. Ela diz em tom petulante, porém com toque de carência: "O quê? Papai está na rua com seus 'novos amigos descolados' de novo?".

Fico contente em ver que minha garota ainda simula as aspas com os dedos, mesmo em uma época como essa, mas fica claro que ela se preocupa por não sermos mais o suficiente para ele; por ele estar nos deixando para trás. Margaret quer que ele fique mais em casa, mas é difícil argumentar com ela, pois tudo o que nós duas queremos fazer é nos sentarmos no sofá e assistirmos à TV, e isso parece um desperdício de tempo para Tim. Ele não consegue enxergar que nos sentarmos no sofá, assistindo a programas de *cupcakes* e concursos de beleza infantis, embora não sejam o ideal, é uma maneira de nos unirmos por um momento.

Se tentássemos compartilhar nossas preocupações com Tim, ele ficaria na defensiva, como se estivéssemos tentando privá-lo de uma pausa tão necessária depois de um dia de trabalho árduo. Mas a triste verdade é: Margaret está certa; *não* somos suficientes. Da mesma forma, Tim e eu não somos suficientes para Margaret, e Margaret e Tim não são suficientes para mim. Como poderíamos ser? Todas as pessoas de uma família são importantes e, quando uma delas se vai, a família se desequilibra e fica carente.

Tim vem fazendo o que precisa para continuar vivo, e sinto-me aliviada por estar se esforçando. Quando me aborreço com isso, tento me lembrar das alternativas. Ele poderia se consolar sozinho no porão ou em um bar com uma garrafa. Ou nos braços de outra mulher. Poderia ser incapaz de ir para o trabalho e nos sustentar, acrescentando outra camada de estresse e incerteza à nossa situação já precária. Poderia comprar uma arma e encontrar uma maneira de ficar com Jack o mais breve possível. Poderia entrar no carro e simplesmente sair por aí sem rumo. Em nosso novo mundo, nenhuma dessas opções está além da imaginação, e os negócios e contatos que ele tem feito com os novos amigos parecem muito mais saudáveis.

Ainda não retornei à minha antiga rotina de planejar nossas refeições para a semana, como costumava fazer. É claro que vou cozinhar e vamos comer, mas não me importo com o quê. Mas Tim se importa; ele precisa saber que existe um plano; assim, nos domingos à tarde, ele rascunha um cardápio para a semana em um *post-it* e passa a cozinhar mais vezes. A roupa está sendo lavada, a casa é mantida limpa, e trato de levar Margaret ao *shopping* várias vezes, porque é o que garotas adolescentes fazem para se divertir. Sou até mesmo mãe da turma este ano, algo para o qual me inscrevi antes do acidente. Mas não vou sair do meu caminho para procurar algo para fazer. De certa maneira, sinto como se conservasse energia para alguma obrigação ainda desconhecida. Para uma vida toda sem Jack.

No geral, apesar das pequenas irritações diárias e das mais dolorosas, como essa caminhada no bosque, temos nos devotado amor desde o acidente, cada um reconhecendo a dor gigantesca do outro. Somos um minúsculo clube privativo que compreende o quanto foi perdido no riacho.

Mas, agora, cambaleio no bosque e começo a chorar, me perguntando como acabei com um filho morto, uma filha assustada e um marido que nem mesmo entende o quanto é difícil para mim estar às margens de um riacho, qualquer riacho, quanto mais esse. No meu coração, grito para Deus em desespero. Quero um sinal. Quero ajuda. Quero ser reconhecida.

Há tanto amor vindo de nossa comunidade, dos amigos e de estranhos, através de todas as orações e das fitas azul-royal por toda a cidade. Mas aqui, no bosque, me sinto desesperada e muito sozinha, mesmo com meu marido na minha frente em uma trilha estreita. E, ali, no meio desse denso bosque, pendurada em um galho, está uma fita azul-royal. Talvez seja de um balão que voou da mão de uma criança e viajou alguns poucos quilômetros antes de pousar. Talvez um pássaro a tenha trazido para colocar no ninho. Levo o braço para tocá-la e me sinto menos sozinha. Não tento explicar minhas lágrimas para Tim, mas digo: "Quero ir para casa agora", cambaleio pelo matagal, para voltar para casa de carro.

Todos já ouviram falar que é difícil um casamento sobreviver à perda de um filho. Não sei quais são as estatísticas e não tenho pressa em descobrir. Digamos que, mesmo fazendo pouco tempo da morte de Jack, tenho consciência de que a contagem regressiva para o fim de nosso casamento já começou.

Será que os amigos e os estranhos imaginam como tudo isso vai terminar? Talvez seja o enredo dramático de um casamento já frágil e desgastado sendo incapaz de suportar a morte de uma criança. Ou aquele com um homem e uma mulher que são loucamente apaixonados, mas as diferentes maneiras de lidar com a dor os conduzem à separação.

Mas e quando um casamento é bastante tranquilo e normal? De duas pessoas que se apaixonaram na faculdade e construíram uma família baseados na fé e na fidelidade, mas que de certa forma nunca fizeram do casamento uma prioridade?

Por um lado, me sinto mais conectada com Tim do que nunca. Nosso amor mútuo por nossos filhos é enorme.

Mas e quanto aos anos em que deixamos nosso casamento quase de lado, pois estávamos concentrados no trabalho, nas crianças e nas obrigações com a igreja? E a fragilidade, o egoísmo e a falta de generosidade que foram se infiltrando, enquanto pequenas mágoas e ressentimentos foram se amontoando ao longo de vinte anos? E como lidar com as diferentes maneiras com que encaramos a vida agora?

Não consigo sequer me esforçar para me importar. Estou muito desgastada e machucada. É como se observasse nossa relação de fora, como em um estudo antropológico. A palavra em inglês *cleave,* uma das minhas favoritas, me vem à cabeça. É um termo incomum, com significados opostos: unir e separar. Com a dor, a culpa e o luto por perder nosso filho, qual definição dessa palavra descreverá nosso casamento?

Uma coisa que, eu sei, temos a nosso favor é que não nos lançamos rapidamente nem dentro nem fora de algo. Costumávamos brincar sobre como alguns de nossos amigos se divorciaram e depois se casaram de novo em menos tempo do que levávamos para escolher uma TV de tela plana. Impetuosos é algo que não somos. Outra vantagem é que somos facilmente pacificados. Nunca chegamos a levar nossos filhos ao Disney World. Sempre pareceu tão intimidante e cansativo. Sei que o Disney é viável. As pessoas fazem isso todos os dias. Mas não somos esse tipo de pessoas.

Portanto, não prevejo nenhum risco de que Tim e eu tomemos qualquer decisão irracional sobre nosso casamento em meio ao luto, mas as antigas queixas e irritações ainda estão por aí, unidas à dor colossal e brutal da perda de Jack.

VINTE E QUATRO

Margaret está passando a noite fora. Já faz dois meses que o acidente ocorreu. Temos uma pequena brecha na qual haverá duas pessoas, e não três, na cama. Sei o que está por vir. Andamos pela casa, os satélites orbitam o mesmo planeta, mas não chegamos perto um do outro.

Tim trabalha no escritório do andar de cima, descendo à cozinha de vez em quando, onde estou sentada, tentando estimular meu cérebro estraçalhado com palavras cruzadas. Caminho até a lavadora de louças para enchê-la e ouço que ele está em algum lugar da casa. Se esperarmos demais, será tarde. Estarei cansada e direi não. Se me fizer acessível demais, pode parecer que estou tomando a iniciativa, algo que não é verdade. Tento ficar fora do radar, embora semiacessível, porque vamos ter que enfrentar isso em algum momento, e talvez seja hoje à noite. Nós nos cruzamos na sala, onde estou prestes a ligar a TV.

"Você quer transar?", pergunta ele, com um olhar que não é nem esperançoso, nem excitado.

Ele parece triste.

"Ok", digo, largando o controle remoto e subindo lentamente as escadas. Minha voz é neutra. Fico contente por ele ter perguntado, porque, embora logo após o acidente a ideia de sexo ser impensável, sei que é algo que devemos considerar agora. Sentamos na cama, os pés pendendo para baixo, e nos portamos mais como conhecidos do que como casal.

"Acha que sou um imbecil por querer sexo?", pergunta ele.

"Não." E sou sincera. Por que ele não iria querer algo que pudesse fazê-lo se sentir melhor e que desviasse sua mente da realidade por um tempo?

No geral, meu desejo por sexo não é garantido, nem mesmo nas circunstâncias mais positivas. Uma casa bagunçada, estresse com as crianças ou uma longa lista de coisas a fazer podem me tirar do eixo e fazer tudo descambar, antes que Tim se dê conta de que está em apuros. Ele já aprendeu que, mesmo que as coisas pareçam favoráveis, não há garantia de que rumaremos à linha de chegada. E, agora, com a complicação do luto, sua proposta é muito arriscada. O sexo nos trouxe nossos filhos e sempre estará ligado a eles.

Ele continua em tom formal: "É que você geralmente não quer nem em dias normais; então, não consigo imaginar que queira agora". Aceno com a cabeça. Ele entende o recado. Queria ter sido uma esposa mais engraçada e espontânea quando as coisas eram mais fáceis. Mas acho que naquela época a vida era difícil.

Lembro-me de ler que sexo pode ser um dos melhores consolos para um homem. Então, digo que sim. Seguimos em frente. E é bom. Estou orgulhosa de nós, mas fico me perguntando quanto tempo levará até que possamos fazer isso sem nós dois chorarmos.

VINTE E CINCO

Já é final de novembro. A agente no balcão pega nossas passagens e documentos e diz, do nada: "Oh! Por algum motivo, achei que seriam quatro pessoas". Tim, Margaret e eu nos entreolhamos, e digo a mim mesma: *Eu também, senhora, eu também.* Logo estamos voando acima das nuvens rumo a Los Angeles. Vamos encontrar o ídolo de Margaret, o cantor Justin Bieber, graças a uma campanha on-line dos leitores do blog, amigos e estranhos.

Tudo começa em outubro, quando Margaret não vai à escola em uma manhã agitada. Fica bem claro que, quando os colegas dela já estão na aula de matemática e nós ainda tentando forçá-la a se vestir, a escola não é o lugar para ela hoje. Tento explicar que, se ela precisa de um dia em casa, era melhor que nos falasse com antecedência, antes de estarmos todos gritando e chorando. Economizaria muita energia. Vou para o trabalho e Tim fica em casa com ela. Eles se irritam menos um com o outro do que eu e ela. Eles relaxam, andam de bicicleta e dão conta das tarefas diárias.

Margaret faz uma lista de compras e de desejos:

Cenouras
Cereal Cheerios
Suco de maçã
Salgadinhos Pirate's Booty
Argila preta
Capacete para ciclismo
Show intimista com Justin Bieber
Jack!

"Jack" está sublinhado nove vezes.

Posto a lista comovente no meu blog. Todos queremos lhe dar aquilo de que ela mais precisa, mas, tendo em vista essa impossibilidade, milhares de pessoas que se importam conosco colaboram para ajudá-la a se encontrar com seu ídolo. Espalham a notícia e pedem favores. Se tudo correr bem, Margaret verá Justin ensaiar uma música para o American Music Awards e, depois, assistirá à premiação na mesma noite. Talvez até se encontre com ele. Não tenho certeza de como conseguirei lidar com isso, porque o astro de olhos castanhos se parece um pouco demais com a criança de que tanto sentimos falta, com a única diferença de usar brincos, tatuagens e calças *baggy*.

É difícil acreditar que estamos a caminho de encontrar a maior estrela musical do país. Somos apenas pessoas normais, ou ao menos éramos, até o dia 8 de setembro. Nunca pretendemos chegar perto de ninguém famoso. Mas as pessoas querem nos dar algo especial, estendendo a mão com bondade nessa nova e crua realidade. Fico imaginando se outras pessoas em luto também sentem isso; como é estranho ser recompensado pela tragédia e pela perda. Por outro lado, é um presente para Margaret. E ficamos agradecidos, porque, se alguém merece ter algo de bom em meio a toda essa situação horrível, é Margaret.

Ela não viaja de avião desde que tinha três anos, porque problemas financeiros e cotidianos sempre pareciam se meter no caminho. Está preocupada com a segurança do avião, da mesma forma que com tantas outras coisas, e seu rosto vai ficando vermelho com a crescente ansiedade. "Acidentes aéreos são extremamente raros", digo a ela, enquanto aperto sua mão. Ela engole em seco e olha pela janela. Quero dizer o velho ditado: "Você corre mais risco andando de carro todos os dias do que em um avião", mas desisto. Não quero colocar carros na crescente lista de coisas que a deixam desconfiada. Afinal, temos que ir para a escola de algum jeito.

Na verdade, queria que as companhias aéreas não fossem tão seguras. Não ficaria aborrecida se esse avião caísse em algum lugar sobre Kansas ou Colorado. Sei que não é justo puxar a tripulação e os outros passageiros para o meu luto, mas não ficaria desolada se, de alguma forma, somente nossa fileira, 14 D-F, pudesse subir aos céus hoje. Ao menos estaríamos todos juntos. Esse é o peso de nossa família com uma pessoa a menos.

O avião não cai, pousamos em segurança e tentamos viver o momento que tantas pessoas fizeram acontecer para nossa garotinha. Contei a

Margaret tudo sobre o calor, o sol, as palmeiras e o *glamour* de Hollywood. Então, é óbvio que está chovendo em Los Angeles. As ruas estão inundadas e sopra um vento frio, como se uma nuvem andasse conosco aonde quer que fôssemos. Ficamos animados por Margaret, mas mesmo o menor dos esforços é exaustivo.

Não temos que fazer muita coisa, porque Margaret acha Los Angeles assustadora e quer ficar perto do belo hotel. "Por que tem grade nas janelas?", pergunta ela quando percorremos de carro as ruas cheias de mercados, casas de penhores e crianças, que estão sob toldos, protegidas da chuva. "Bem, esta parte da cidade não é o lugar mais seguro para se crescer. Existe um problema com crimes aqui. Você tem sorte de ter nascido em um lugar onde a crianças têm segurança para brincar na rua e não precisam de grades nas janelas."

Ela verifica duas vezes o cinto de segurança no carro alugado, e me pergunto por que pensei que estava certo meus filhos viverem em um local seguro, quando tantas crianças não vivem assim. Moramos a vinte e cinco minutos do centro da cidade, mas com que frequência pensei nessas crianças que vivem onde há grades nas janelas? Será que achava que meus filhos mereciam estar mais seguros do que as outras crianças? Estou irritada comigo e com meu coração pequeno, e irritada também porque uma viagem desanimada a Los Angeles de repente me parece mais segura do que um bairro suburbano da Virgínia.

Na tarde seguinte, Margaret encontra-se com seu ídolo, que fala com ela com gentileza e charme, dando-lhe um beijo na mão. Vemos o ensaio, que, se analisarmos bem, é o *show* intimista que ela desejava. Os milhares de pessoas que formam nossa comunidade on-line regozijam-se no pouco de leveza e esperança que o sorriso de Margaret traz.

Mais tarde, colocamos nossas roupas luxuosas e saímos desviando das poças geladas para a sala de concertos, para a premiação. Margaret está excitada e otimista. Está reluzente. Sorrimos e tiramos muitas fotos, mostrando que manteremos a compostura para esta ocasião em prol dela.

O primeiro ato começa e apresenta a música chamada *If I die young* ("Se eu morrer jovem"). Nossas famílias e amigos que estão em casa assistindo devem ter engolido em seco coletivamente. Mordo as bochechas por dentro, desejando não chorar, enquanto eles cantam sobre uma mãe que perdeu um filho e o filho pede a Deus que envie um arco-íris para iluminar sua mãe.

Ouço as palavras, ainda sem acreditar que enterrei meu filho. Lá fora, o vento forte e a chuva torrencial finalmente param, e o céu clareia. Uma amiga em visita à cidade tira uma foto do que ela vê sobre a sala de concertos enquanto estamos lá dentro. Um arco-íris.

Acenamos com bastões de néon e apreciamos a música e os trajes questionáveis dos artistas. Consigo sentir a oração das pessoas fazendo meu espírito se elevar. Ajudando-me a sorrir para Margaret. Nossa comunidade está conosco. Deus está conosco. Nesse momento, de alguma forma, é como se Jack também estivesse.

VINTE E SEIS

Até o final do outono estive uma vez ao lado da cruz à beira da estrada. Enfim estou pronta para caminhar por ali de novo. Ainda é difícil acreditar que o corpo de Jack tenha sido encontrado exatamente onde achei que seria.

Minha amiga Anne vem me visitar e pergunta se eu quero que ela vá comigo. Quero. Viramos à esquerda na saída do bairro, caminhamos pela calçada ao longo da estrada, e ali está. Quantos segundos teria levado se tivesse deixado o carro e corrido naquela noite? Ainda me pergunto: *Eu poderia ter salvo o meu filho?*

Toco a cruz e tiro algumas fotos com o celular. As pessoas colocaram fitas azuis nela e algumas bugigangas no chão: carrinhos de brinquedo, um ursinho de pelúcia, uma abóbora, um Lego. Tiro fotos também do leito do riacho, quase seco, embora tenha chovido muito todos os dias daquela semana. Parece terrível e sombrio ter esse tipo de foto no meu celular, bem ao lado da última foto que tirei das crianças juntas, fazendo o dever de casa e comendo maçãs e manteiga de amendoim à luz de velas, alheios ao que estava por vir.

Quero compartilhar as fotos da cruz com os meus leitores do blog; assim, eles verão que as pessoas de nossa cidade cuidam de nós, encontrando maneiras de lembrar Jack. Sei que elas se preocupam. Quero que vejam que até mesmo os motoristas mais compenetrados vão passar por essa cruz e perceber que algo importante aconteceu aqui.

Naquela noite, estamos a caminho da igreja para um dos projetos anuais favoritos de Margaret e Jack: embalar caixas de sapatos cheias de brinquedos para as crianças pobres de todo o mundo. Agora Tim, Margaret e eu lidaremos com nossa dor enquanto orientamos um grupo de crianças no projeto, que será em homenagem a Jack.

No caminho, paramos em uma pizzaria repleta de famílias desfrutando de um ritual das noites de sexta-feira. Parada na fila em meio às pessoas sorridentes, sinto-me magoada e amargurada; então, vou para

142

fora, na varanda, enquanto Tim e Margaret pegam nossa comida, apenas fatias agora, não uma pizza inteira como antes.

Ouço a música que vem da minha bolsa. É meu celular. Eu o uso para as mensagens de texto do Facebook e para tirar fotos. Raramente faço ligações nele, e nunca o uso para tocar música, por isso é surpreendente ouvir as palavras de uma canção cristã conhecida irrompendo dele, enquanto luto para localizá-lo na minha bolsa bagunçada. Ouvi as palavras no rádio muitas vezes antes, mas agora é como se tivessem sido escritas apenas para mim:

> Há uma cruz ao lado da estrada
> Onde uma mãe perdeu um filho
> Como ela poderia saber que na manhã em que ele saiu
> Seria a última vez — ela trocaria com ele por um pouco mais de tempo
> Assim, ela poderia dizer-lhe que o amava uma última vez
>   e o abraçaria com força
> Mas com a vida nunca sabemos
> Quando chegaremos ao fim da estrada
> Então, o que fazemos
> Com a tragédia na próxima curva?

Fui até a cruz hoje, e agora meu celular começa a tocar uma música, *essa música*, por conta própria? Estou parada sob a luz da varanda da pizzaria, olhando para o celular, maravilhada, quando vem o refrão:

> Vivemos com amor
> Perdoamos e nunca desistimos
> Porque os dias que recebemos são presentes do Alto
> E hoje nos lembramos de viver e de amar.

É demais para mim pensar em nunca desistir nesse momento. *Nunca* parece ser um grande compromisso. Perdoar? Preciso perdoar alguém? Deus? A mim mesma? As crianças que bateram na minha porta? Jack?

Não sei o que fazer com o meu celular, que parece ter adquirido vida própria mais uma vez, como aconteceu na noite do acidente, quando Romanos 8:38-39 apareceu na tela. Mas essa noite sei que posso tentar viver e amar, mesmo que seja preciso mais esforço e força do que acho que tenho. A paz me preenche enquanto volto para dentro, para junto de Margaret e Tim, e penso nessa mensagem estranha que me guia para a vida.

Obrigada, disse eu, a Deus ou a Jack... Não sei.

III

Avis rara

VINTE E SETE

Em pouco tempo fico sabendo dos sonhos. Um amigo vê Jack sorrindo diante de um prato enorme de hambúrgueres, do qual se arrependeria em vida, porque comia muito devagar. No sonho, ele engole tudo e consegue acabar com todos os lanches, dizendo: "Estou bem! Foi divertido!" Outros sonharam com Jack falando: "Digam para a minha mãe e meu pai que estou feliz" e "Digam para minha mãe e meu pai que estou bem". Alguém sonha com um Jack bem mais alto, sorridente e calado.

Guardo esses sonhos no coração, mantendo-os como pequenas migalhas de algo que dá esperança, como vislumbres passageiros do meu filho. "Qual era a sua aparência? Como ele estava?", perguntaria depois a eles, como se meus amigos tivessem encontrado Jack em algum lugar da cidade ou numa viagem.

Meu sonho favorito vem de minha amiga Debbie, cuja filha, Katie, havia morrido numa batida de carro, quatro anos antes do acidente de Jack. No sonho, Katie e Jack estão juntos, apesar de nunca terem se conhecido na terra. Debbie olha para os grandes olhos castanhos de Jack e lhe pergunta se há alguma coisa que queira dizer aos pais, esperando com certeza que ele fale algo como: "Diga-lhes que estou bem". Em vez disso, Jack fala: "Diga à minha mãe e ao meu pai que eles cuidaram muito bem de mim". Como pais que têm de lutar contra a culpa por não termos protegido Jack do perigo, isso aplaina algumas arestas dos nossos corações partidos.

Depois ficaria sabendo que, na noite anterior ao acidente, uma amiga que mora em outro Estado sonhara com Jack, embora só o conhecesse dos acampamentos anuais. Ela vira Jack e uma mulher, ambos vestindo branco, sentados num campo de margaridas, enquanto Jack construía alguma coisa com Lego. Quando Jack morreu no dia seguinte, ela ficou boquiaberta. Meses depois, quando viu uma foto de minha mãe pela primeira vez, foi que se deu conta de com quem Jack estava. Contaria a ela, então, que associo margaridas à minha mãe desde que era garotinha.

Saber desse sonho me afeta de duas maneiras. Adoro a ideia de Jack estar com minha mãe. Mas me pergunto: será uma premonição, como os pressentimentos que tivemos antes do acidente? Deus continua a avisar as pessoas através dos sonhos, como fez na Bíblia? Isso significa que poderíamos ter evitado a morte de Jack? E, se assim for, por que Ele não *me* avisou em sonho?

Não sei, mas prefiro acreditar que esses sonhos são criações de Deus para trazer consolo, e não preocupações.

Sonhos são uma coisa, mas existem as visões. Betsy, uma missionária que atua na Ásia Central e está em casa de passagem, tem uma visão, durante o funeral, de Jack e minha mãe de mãos dadas, caminhando juntos.

Cindy, soluçando no quarto, na noite do acidente, me vê de pé num palco, cercada por luzes brilhantes, falando para centenas de pessoas. "Não sei por que vi você, em vez de Jack, naquela noite. Não era em uma igreja; então, sabia que não era uma cerimônia de funeral. Você estava compartilhando uma mensagem importante, Anna." Não tínhamos como saber, então, que no final de semana do Dia das Mães eu falaria para um teatro lotado sobre a crise de identidade que surge com a perda do que há de mais precioso para qualquer mãe.

Depois, minha melhor amiga, Diana, vivencia Jack no quarto dela quando acorda durante a noite. Ela vê uma forma e sente uma presença pacífica, que desaparece quando consegue identificá-la como sendo Jack.

Não sei como é ter uma visão. Ela ocorre dentro da nossa cabeça, como um sonho, ou é algo que você vê diante dos olhos, como se assistisse a um filme? Não tenho visões e mal sonho com Jack. Talvez seja porque esteja tão acostumada a tê-lo comigo, que qualquer coisa aquém de um Jack de carne e osso me faria reclamar de sua ausência em vez de agradecer sua presença.

Ou, talvez, seja por causa de como fui criada. Em todos esses anos que sigo o Cristo, visões, sonhos e milagres pareciam ser coisas que falávamos apenas em relação aos tempos bíblicos ou, no máximo, conseguiram uma rápida menção na última página de uma de minhas revistas cristãs. Esses artigos me inspiram e me levam a ver que talvez Deus esteja envolvido não somente nas coisas grandiosas, mas também nas pequenas. Em geral, a coisa para por aí, com uma história pitoresca e emotiva.

Não estou preparada quando sonhos, visões e outros sinais sobrenaturais começam a aparecer em relação à morte de Jack.

Por exemplo, uma leitora moçambicana de um blog, que está visitando a África do Sul, viaja por uma autoestrada com o marido. Ela comenta sobre nossa perda, meu blog, Jack. À sua frente, vê uma caminhonete com o versículo bíblico de Jack, Lucas 1:37, pintado na parte traseira.

Ela não consegue acreditar no que está vendo e tira uma foto às pressas para me enviar. Quando ela olha para a foto, mais tarde, pronta para enviá-la, percebe que a ponte sob a qual passavam, no momento em que tirou a foto, tem palavras grafadas na lateral. Assim, com a ponte em cima e a caminhonete embaixo, a imagem da foto diz: "Comece a viver uma vida melhor hoje" e "Pois nada é impossível para Deus".

Fico encorajada por sua experiência, é claro. Mas também me pergunto: será que estamos tão abalados com a ideia de um garotinho partir tão cedo que estamos vendo coisas? Desejosos? Ávidos? Tentando ver uma ligação e um significado onde não existe? Ou pode ser que, em momentos como esses, quando o que não é importante desaparece como farelo de trigo ao chão, somos enfim capazes de reconhecer que Deus está agindo no mundo ao redor a cada dia?

Posso acreditar que os versículos da Bíblia que apareceram no meu celular e a silhueta de Jack na parede não sejam apenas coincidências, mas também consolos sobrenaturais para mim, no momento exato em que preciso deles? E quando outra imagem aparece no meu celular, uma imagem de Jesus vestindo um manto branco, subindo uma escadaria rumo a uma luz brilhante com as palavras "Siga-me"?

"Estou tentando", penso quando vejo isso.

Apesar de me sentir desatenta e confusa, acho um caderno e começo a escrever o que vivencio e o que os outros compartilham comigo. As páginas são rapidamente preenchidas.

Nem sei que título dar à minha lista. Milagres? Visões de Jack? Piscadelas de Deus? Conforto? Estou ocupada demais sentindo a falta de Jack e tentando tomar conta de Margaret para me esforçar para que as coisas façam mais sentido nesse momento; porém, escolho aceitar qualquer consolo que esses sinais tragam. Reasseguro a mim mesma que, se estou perdendo o juízo, muitas outras pessoas também estão.

VINTE E OITO

Os ossos dos meus quadris se sobressaem no jeans que antes era muito apertado. Percebi que perder quatro quilos era o que eu queria poucos meses atrás, mas agora isso não me dá prazer. Continuo a tirar o pijama e me vestir e a passar maquiagem por causa de Margaret. Não vou me refugiar dentro de minha própria cabeça e esquecer minha filha. As pessoas dizem: "Não sei como você consegue sair da cama de manhã". Há somente um motivo, mas não quero que ela saiba. É muita pressão para uma garotinha.

Mas o enchimento extra que desapareceu do meu corpo desde o choque do acidente parece ter estofado uma pequena almofada entre nosso relacionamento de mãe e filha. Quero acariciá-la, abraçá-la, mas há uma resistência entre nós. Ela me mantém a distância o dia todo, raríssimas vezes levantando para se sentar no meu colo depois do jantar. Estou sempre pronta quando ela faz isso e tento não me mostrar tão entusiasmada. Não a aperto muito, sabendo que qualquer indício de carência pode afastá-la. Continuo não tendo muitas palavras para rezar a Deus, por isso apenas acrescento *Ajude-nos!* à lista na minha alma. *Jack está morto. Não me matarei hoje. Ajude-nos!* Não há preces sublimes nesse caso.

"O luto, em uma menina de dez anos, é muito próximo da raiva", disse-nos o conselheiro psicológico que Tim e eu começamos a ver a cada duas semanas. Margaret engole a merda que carrega consigo, o dia todo, na escola e no futebol. É encantadora, esperta e corajosa. Ri com facilidade. Mas, em casa, me dá bronca com raiva e dor, geralmente por causa de algo sem importância, recusando-se a admitir que o que está vomitando é, de fato, sofrimento não confessado e uma profunda decepção com no que sua vida se transformou.

Margaret critica minhas palavras, expressões faciais e até minhas intenções. Minha boca abre, mas fecha de novo, como se tivesse encontrado algo que pudesse ser útil dizer a ela, mas então pensasse melhor e desistisse. Parece que tudo o que construímos agora está sobre areia movediça. Estou determinada a ajudá-la, mas luto também pela minha sobrevivência. É duro ser seu alvo, mas não vou desistir.

Não tenho uma mãe, como Margaret, por isso despejo tudo na minha irmã, que também é minha melhor e mais preciosa amiga. Com ela, estou sempre sem esperança, calada e zangada. Acho que preciso de um lugar seguro ao qual retornar quando estou cansada de ser a pessoa agraciada que lida com a morte de Jack tão bravamente em meu blog e com os amigos. Meu coração está maior e mais suave do que já esteve algum dia, mas ainda dolorido, e a dor respinga em Liz.

Liz se aproxima de mim cuidadosamente, sem saber se encontrará lágrimas ou bondade. Ela deve se perguntar como alguém que está recebendo tanto amor, do mundo todo, pode ser tão dura com quem mais a ama, sua própria irmã. Agora Liz perdeu uma mãe, o sobrinho e, de certa maneira, também uma irmã. Levo um tempo para perceber que estou tratando Liz exatamente da mesma forma que Margaret me trata.

"Margaret está fazendo terapia?", é a primeira pergunta que todo mundo faz. Eles se importam. Sei que faria a mesma pergunta se os papéis fossem trocados. Gostaria de responder: "Sim, é arteterapia, e o resultado é impressionante!" Mas digo apenas: "Estamos providenciando". Na verdade, o que quero dizer é: "Não se meta. Estou tentando fazer o melhor que posso".

A ideia de fazer terapia assusta Margaret, um problema que se agravou quando a levamos a um terapeuta especializado em trauma, numa quinta à noite de tempestade, exatamente duas semanas após o acidente. Os olhos de Margaret demonstravam medo e expressavam a sensação de estar sendo traída quando o terapeuta a levou pelo grande corredor, para longe de nós. Ela se recusou a dizer uma palavra. Deve achar que, se a fizermos ir à terapia, estamos rotulando-a como um ser destruído ou uma louca.

Vejo nela muito de mim quando jovem: a batalhadora estoica que não quer perder o controle. Abrir-se para falar sobre sua dor poderia acabar com ela devido à força de seus sentimentos, e ela não quer correr esse risco. Entendo muito bem.

Durante meses, eu a arrasto semanalmente para um terapeuta a fim de tratar de sua ansiedade a respeito de ficar doente e morrer, mas esse "empurrão" para a terapia envenena nosso relacionamento. Algumas das cenas que se desenrolam desde que ela entra no carro, quando a pego na escola, até estacionarmos no consultório do terapeuta, a vários quilômetros dali, parecem mais apropriadas para um cômico *reality show* do que para nossa vida.

Não quero que Margaret descubra o fato assustador de que não podemos obrigá-la a fazer nada, por isso sou persistente. Não posso carregá-la no colo para dentro dos consultórios, mas justifico, imploro, argumento, rezo em voz alta. Falo com uma voz bem calma, que a irrita ainda mais.

Uma tarde, apesar de todos os meus esforços para o contrário, começo a chorar em silêncio no banco da frente. "Você é tão fraca!", ela grita comigo, inconformada. Penso no esforço que fiz para chegar a esse ponto do dia. Fico imaginando se algum dia, quando ela for mãe, o peso de minha realidade a atingirá e não parecerei mais tão fraca. Espero que não. Espero que ela jamais se lembre dessas tardes horríveis. Ela é só uma garotinha tentando sobreviver a circunstâncias inacreditáveis.

Para salvar nosso relacionamento, quero parar de forçá-la a fazer terapia. Meu instinto me diz que é muito cedo para ela processar seus sentimentos. Meu instinto me diz que a resistência pesa mais do que os benefícios nesse momento, principalmente quando ela se senta no sofá do terapeuta, sem dizer uma palavra. Meu instinto me lembra a maneira com que processei a morte de minha mãe, interna, lentamente e no meu próprio tempo. Mas desconfio dos meus instintos agora. Duvido de mim como mãe.

Por fim, digo a ela que podemos interromper a terapia por enquanto, mas que ela deve ir ao acampamento de apoio ao luto, em um fim de semana de março. Os terapeutas do acampamento nos dizem para fazer o que for preciso para levá-la, porque é realmente muito bom. Deslizo uma nota de cem dólares para baixo de um ímã da geladeira. "Ela é sua quando voltar do acampamento". Ela não concorda em ir.

Mas ela diz: "É melhor não tentarem fingir que é um acampamento normal, porque não é". Ela tem razão. Nada disso parece normal; então, por que fingir?

Margaret também parece ter o mesmo instinto para tentar dar sentido ao mundo, como eu tinha quando criança. Certo dia, voltando para casa da escola, ela pergunta: "Mamãe, você teve uma boa infância?"

"Sim. Maravilhosa", respondi. "Por quê?"

"Porque está tendo uma vida adulta bem ruim."

Ela continua: "Estou tendo uma infância bem ruim, mas espero que isso signifique que vou ter uma vida adulta muito boa".

Ah, querida, espero que sim!

VINTE E NOVE

Quando Jack tinha um ano, ele e eu nos encontramos com Diana para almoçar em Fredericksburg. Era uma cantina italiana onde você podia rabiscar numa toalha de papel branca com giz de cera. Quando estávamos indo embora, um giz de cera azul que Jack segurava se partiu ao meio. O choro dele era inconsolável. Almas sensíveis que éramos, Diana e eu o abraçamos, rimos e tiramos uma foto enquanto ele choramingava.

Esse rostinho sofrido se tornaria familiar para mim. Jack não se alterava quando eu lhe dizia não, porque parecia entender os motivos implícitos do certo e errado, mesmo muito jovem. Era como se eu pudesse argumentar com ele, e ele me entendesse também. Mas sua terrível tristeza surgia, inesperadamente, em momentos atípicos.

Como muitas crianças da pré-escola, Jack e o primo Isaac eram obcecados pelos trens de madeira de Thomas e Seus Amigos. Um dia, Liz e os filhos dela vieram nos visitar. Tentando reafirmar a posição de tia preferida com Jack, que tinha dois anos, Liz comprou dois vagões de trem que vinham acoplados — Annie e Clarabel. Ela achava que seria legal se Jack tivesse um na Virgínia e Isaac, outro em Indiana, onde moravam na época — dois trens melhores amigos para dois primos melhores amigos. Jack sabia que eles andavam juntos. Sabe como é, como pasta de amendoim com geleia, ou Adão e Eva. Em vez da alegria que pensara ver no rosto de Jack, a sugestão foi recebida com gritos histéricos, porque ela tinha separado "o conjunto". Jack estava inconsolável com o fato de que Annie e Clarabel não ficariam juntas na mesma casa. Não que quisesse as duas; preferia não ter nenhuma se isso significasse ficarem separadas. Seu trem novinho desapareceu na minha gaveta de roupa íntima, para evitar provocar mais sofrimento.

De outra feita, Jack e Margaret, numa tentativa de se manterem entretidos, num dia insuportavelmente longo e chuvoso, subiram na poltrona para olhar pela janela grande de nossa casa. Ficaram vendo a água da chuva escorrer pela rua e entrar nos bueiros. Uma lata de lixo virou e a tampa flutuava numa correnteza que descia esgoto abaixo. Você acharia que alguém tinha matado um cachorrinho, tão triste foi a reação de Jack ao ver a tampa de plástico sendo arrastada para longe da lata.

Ele também era defensor das regras, e qualquer tipo de trapaça ou mentira o levava a perder o controle. Podia acabar com a diversão de uma atividade de festa de aniversário com a velocidade de um raio se alguém quebrasse uma regra. Jack e Isaac adoravam *Calvin e Haroldo*; por isso, um ano, Liz decidiu que os garotos jogariam uma partida de Calvinball na festa de aniversário de Isaac. A premissa do Calvinball é que você cria as regras enquanto joga. Foi um pesadelo para Jack. Passei a festa inteira tentando parar a choradeira.

Uma tarde, quando Jack estava no primeiro ano, ele se aproximou de mim no corredor do andar de cima com a camisa do uniforme da escola suja de pasta de amendoim, o rosto sério. "Mamãe, quero falar com você sobre a minha simetria", disse ele, embora soasse mais *simetia* em sua voz de garotinho.

Fiquei surpresa que ele até mesmo conhecesse essa palavra. "Como assim?", perguntei.

"*Simetia*. Você sabe, como tudo tem que ser em dois. Se eu tocar em alguma coisa com a minha mão esquerda, tenho que fazer com a minha direita. Tenho que igualar tudo. Tenho que ser *simético* o tempo todo, e algumas vezes fico atrapalhado. Não gosto disso."

Muita coisa fez sentido em um segundo. Jack estava lidando com um transtorno obsessivo-compulsivo, ao qual dera apropriadamente o nome de "simetria". Quando nosso médico perguntou o que a voz em sua cabeça lhe dizia, quando se sentia compelido a equilibrar as coisas, Jack esperou um pouco, depois sussurrou: "Duplique isso". Parecia cruel. Imperativo. Assustador. Meu coração desmoronou ao pensar nele sendo pressionado por uma voz estúpida lhe dizendo para duplicar cada movimento.

A inquietação e a agitação ao percorrer o corredor tocando coisas ou pulando de lajota em lajota, dando a impressão de que sempre perdia tempo com bobeiras? TOC. A tristeza inconsolável quando algo quebrava ou sempre que uma coleção fosse separada? Os trens Annie e Clarabel?

Agora tudo fazia sentido. A dificuldade que ele tinha de se livrar de uma tarefa escolar, antes que estivesse completamente acabada e satisfatória? Ah, meu Deus!

De um momento para outro, o TOC está presente em minha família, e Jack provavelmente sempre o tenha tido, ou fora despertado por suas frequentes infecções estreptocócicas. Senti-me péssima por ter ficado irritada e frustrada com ele algumas vezes. Por querer que fosse mais descontraído. Por nem sempre aceitá-lo como era.

Jack era indiferente ao TOC e não lamentava o peso extra com o qual convivia diariamente. Aprendeu como usar a terapia cognitivo-comportamental para fortalecer a resistência às compulsões, e íamos ao médico todos os anos, depois disso, para ver como as coisas estavam indo.

Jack contornava o zumbido interior para ir bem na escola. Continuava a fazer escolhas que irritavam os professores e passava algum tempo estreitando laços com o diretor, mas não queria tratamento especial ou ser favorecido de alguma forma. Além disso, às vezes era difícil concluir se alguma travessura fazia parte da personalidade divertida de Jack ou do TOC.

Com o tempo, Jack se tornou mais consciente do ambiente social, aprendendo a deixar de lado suas compulsões internas, quando possível, para que pudesse se ajustar aos amigos. Por um lado, queríamos que o mundo fosse gentil com Jack, por causa de sua luta interna; por outro, desejávamos que ele aprendesse seu papel no mundo.

E ele aprendeu. Jack era um menino adorável, criativo, engraçado, que fez grandes amigos e trouxe outros para o seu mundo com seus jogos inventados. Havia momentos difíceis, é claro. Logo aprendi o que a maioria dos pais de crianças sensíveis e peculiares sabe: os horários de lanche são os piores.

Mas o TOC de Jack, embora ajudasse a explicar algumas de suas batalhas, não o definia. Na verdade, até esquecemos de falar com Margaret sobre isso, apesar de os dois serem tão próximos. Em certo momento ela parecia muito nova, com apenas quatro anos, para entender o que o irmão chamava de *simetia*. Então, isso se tornou apenas mais uma faceta de nossa vida familiar. Quando ela estava com quase oito anos, por acaso comentei sobre algo que Jack estava fazendo: "Ah, é só a simetria de Jack". Ela quis saber do que, afinal de contas, eu estava falando. Expliquei o básico, depois lhe dei um livro para crianças sobre TOC. "Mamãe", ela disse, "você devia ter me contado antes, pra eu ter sido mais legal quando Jack agia de um jeito esquisito."

Quando olho para a vida de Jack, com seus dons e suas lutas, me orgulho de como ele lidava com o sucesso e a adversidade. Estava sempre aprendendo com Jack.

Mas, quando penso nessa adorável criança de dois anos de idade que nunca podia separar itens de um grupo, eu choro. Não por causa do TOC, mas porque fica claro para mim que sua morte acabou com alguma coisa que era um conjunto, uma família. Continua sendo muito difícil acreditar que ele se foi.

Clarabel, o trem, nunca esteve tão longe quanto Jack pensava; ele achava que eu o tinha enviado para Indiana, para ficar com o primo Isaac, quando, na verdade, estava na minha cômoda o tempo todo. Talvez Jack também não esteja tão distante quanto pareça. Ele sempre fará parte deste grupo: Tim, Anna, Jack e Margaret.

É tentador, quando crianças morrem, transformá-las em santinhas, porque suas belas qualidades brilham intensamente em nossas lembranças através das lentes de uma imensa saudade. Ao subestimar sua humanidade, entretanto, podemos às vezes destituí-las da plena identidade.

Sei que corro esse risco quando escrevo e falo sobre Jack; assim, me certifico de falar de suas lutas contra o TOC, seu comportamento estranho na escola e seu carinho pela palavra *traseiro*. Ele ficava frustrado com facilidade. Quero que saibam que ele ficava tão mal-humorado no inverno que no segundo ano comecei a sentá-lo diante de um aquecedor, de janeiro a março. E nem me deixem começar a falar sobre como era desagradável ajudá-lo a escrever uma redação. Quero que todos saibam que Jack era um menino real, de carne e osso, e não um paradigma bidimensional.

Mas então me pergunto como compartilhar algumas das coisas em que ele era especial, porque, assim como não quero dar a impressão de que estou tentando edificar alguém que não existe, também não quero omitir as maneiras incríveis de Jack ser Jack.

Como quando escrevia palavras terminando em *ndo* em tiras minúsculas de papel e vendia aos colegas de turma por um *cent* cada. Como poderia nosso filho inventar algo tão engraçado e criativo, que chamou de *Gerúndios de Bolso*, e eu não contar a vocês sobre isso?

Também havia os muitos instantes que demonstravam uma profunda e surpreendente compreensão das coisas. Como no dia em que Jack, aos seis anos, aproximou-se da minha escrivaninha, os olhos lacrimejantes e uma expressão de tristeza no rosto. O que estaria acontecendo? Alguém o ridicularizara na escola?

"Ei, cara, o que é que há?", perguntei.

"Queria que as pessoas não preferissem o prazer transitório ao que é importante", disse ele.

Hã? O que um garotinho saberia sobre prazer transitório? O que eu mesma sabia sobre esse assunto? E por que, afinal, isso o deprimiria?

Acontece que sua classe tinha decorado este poema:

As moscas e o pote de mel*
de Esopo

Um pote de mel prestes a derramar
Seu conteúdo do peitoril da janela
Em um muito viscoso lago e riacho.

As moscas, atraídas pelo doce,
Começaram tão gulosas a comer,
Sujaram as frágeis asas e patas.

Debateram-se e puxaram muito, em vão
Elas arfaram para fugir novamente,
E morreram em dor aromática.

Moral:
Que criatura tola! Destrói a si mesma pelo prazer transitório.

---

* Tradução livre. [N. E.]

E, enquanto os colegas de classe de Jack curtiam representar os movimentos nojentos das patas grudentas e as tentativas inúteis de fuga das moscas condenadas, ele ponderava sobre o motivo de as pessoas fazerem as escolhas que fazem.

Jack era uma pessoa paciente, sem ser dado a excessos nem em desejos, nem em apetites. Depois de comer um ou dois doces no Halloween, ele guardava o resto no quarto, intocável, até que eu o comesse ou jogasse fora. Economizava dinheiro para "alguma coisa importante". Não andava por aí tentando fazer coisas que estivessem fora dos limites.

Então, acho que posso compreender como ele devia ficar chateado ao pensar em pessoas se concentrando na gratificação momentânea ou em alegrias passageiras. Jack nunca se enredaria nessas coisas. Mas sua declaração parecia muito madura para uma criança, pois a infância não se baseia em prazeres transitórios?

Fiquei surpresa que, mesmo com seis anos de idade, Jack compreendesse que as pessoas são facilmente seduzidas pelo que parece ser agradável, mas na verdade é prejudicial.

Olhando para trás agora, me pergunto se Jack sabia de algo que ignorávamos — que sua vida, aqui, seria passageira, embora, de algum modo, fosse guiar os outros para coisas duradouras.

TRINTA

Eu costumava ser bastante antipática com quem estivesse de luto, pelo menos interiormente. Pode ter sido porque perdi minha mãe tão cedo e percebi que, já que a dor pela morte chegaria para todos com o tempo, as pessoas deviam aprender a lidar com ela.

Talvez eu receasse que, se alguém expusesse sua dor, ela se tornaria pior. Isso a levaria a concentrar-se nela, em vez de viver a vida. Talvez eu achasse que eles exigiriam muito de mim. Ou talvez fosse apenas terrivelmente ruim em matemática.

Bem lá no fundo, eu pensava: *O que é um aborto, quando você tem duas crianças sadias?*, ou: *Você está se acabando por causa do divórcio, mas trouxe três lindas crianças ao mundo e tem toda a família para apoiá-la.* Ou ainda: *Você não para de falar da saudade de sua mãe, mas ela tinha oitenta anos. A minha tinha quarenta e seis! Pense nesses trinta e quatro anos a mais.*

Claro que nunca disse essas coisas em voz alta. Acho que não entendia que não se pode aplicar matemática ao luto. Perda é perda. Evidentemente, me dei conta de que tenho uma filha e um marido sadios. Eu os amo profundamente. Mas a presença dos dois aqui não anula a perda do outro "lá".

Matemática estúpida.

TRINTA E UM

O Natal chega. Mantemos todas as nossas tradições por causa de Margaret. Penso no último Natal, quando as crianças souberam que haveria uma peça sobre o nascimento de Jesus na véspera de Natal, na nossa igreja. Como os dois adoravam representar, imediatamente concordaram em participar quando Tim quis inscrevê-los. Depois de alguns ensaios, ficaram menos entusiasmados. Havia crianças de menos de quatro anos na peça, e, por serem mais velhos, Margaret e Jack se sentiram superqualificados e velhos demais. "Mamãe, a menina do meu lado esfregou meleca no tapete!", disse Jack com nojo. Não lembrei a ele que o concerto da pré-escola, no qual ele passou uma música inteira cutucando o nariz, fora gravado em vídeo por todos os pais.

Margaret tinha uma fala como estrela do céu de Belém. Jack era José, pobre e injustiçado José, em um papel sem fala.

"Maria age como se fosse minha esposa verdadeira, porque fica mandando em mim o tempo todo. *Sei* onde tenho que ficar", respondeu ele, perturbado.

Tim e eu conversamos com eles sobre levar um compromisso até o fim e reconhecemos que essa peça, em especial, provavelmente não era a que mais se adequava aos dois. Em nosso almoço de véspera de Natal antes da peça, regado a comida mexicana, fomos capazes de rir dela, das melecas e de todo o resto.

Depois da cerimônia religiosa em que todos, incluindo a estrela cintilante e o superqualificado José, fizeram um ótimo trabalho, Jack veio até mim, tendo arrancado o figurino assim que o órgão tocou a última nota. Entregou-me um pedaço de tecido marrom florido e disse: "Toma, mamãe. Estou contente de que o pior dia da minha vida tenha acabado!". Apertei os ombros daquele menino ranzinza e ri, dizendo: "Espero que esteja certo, Jack. Espero que esteja certo".

Hoje, manhã de véspera de Natal, Tim trava uma batalha. Ele se lembra de quando Jack sugeriu que todos nós corrêssemos ao redor do quarteirão e fizéssemos cem polichinelos para nos ajudar a adormecer com mais facilidade na véspera de Natal. Ele se lembra de ter ficado acordado até tarde, escrevendo pistas rimadas para as crianças encontrarem onde o último presente estaria escondido, e de quando as dicas levaram todos nós à caixa de correio, em nossos pijamas de Natal. Ele se lembra de ter assistido ao filme *A felicidade não se compra* no sofá do porão e das crianças perguntando por que eu sempre chorava quando George Bailey era chamado de "o homem mais rico da cidade".

Depois de chorar no escritório lá em cima, Tim pede a Deus por um sinal, qualquer coisa para ajudá-lo a enfrentar o Natal sem Jack. Desce para fazer café e pega um amontoado de palavras cruzadas na pasta de trabalho, na qual tem muitos jornais velhos guardados, para quando tiver tempo livre. Esse é um do Dia dos Namorados de 2011. Ele se senta à mesa da cozinha e pega uma caneta. (Somos os únicos que fazem palavras cruzadas com caneta?) Ele lê a dica para 1 na horizontal: "Trunk tool"*. J-A-C-K.

Obrigado.

Na manhã de Natal, fazemos nossa encenação. Filmamos a brincadeira do poema, como de costume, e dizemos a nós mesmos: *Podemos fazer isso. Podemos fazer isso.* Rimos um bocado, fazendo pequenas pilhas com nossos presentes, e passamos o dia de pijamas.

Mas ir ao cemitério é uma ameaça. Parece egoísmo não ir, como se não ligássemos para Jack neste importante dia em família. Mas o cemitério me irrita. Jack não faz parte daquele lugar! E, com todos os sinais, enfim começo a entender que Jack deve estar mais perto de mim, aqui, do que em um cemitério. Percebo que estou me zangando com Tim, porque ele acha que devemos ir até lá, mas Margaret e eu não queremos. Tim deve estar se sentindo só e em desvantagem numérica.

Deixamos isso de lado até o anoitecer. Quando saímos, passamos de carro pelo local onde Jack foi encontrado. Vejo uma pequena árvore de

---

* *Trunk Tool* (caixa de ferramentas) não foi aqui traduzido para não perdermos a emoção do texto e o sentido da palavra cruzada, cuja resposta é *Jack* (macaco de carro). [N. E.]

Natal de verdade lá, alimentada por lâmpadas de energia solar. Alguém a tinha decorado e colocara pacotes embaixo, para o primeiro Natal de Jack no céu. Quero parar, mas Tim sabe que, se o fizermos, ficará muito escuro para ir ao cemitério. Somos como duas crianças birrentas, e Margaret, sozinha no banco de trás, grita: "Por que temos que fazer isso?" Mais briga significa mais estresse para ela. Será que vou precisar ficar acordada com ela, novamente, esta noite, segurando sua mão enquanto seu rosto cora de ansiedade, fica mais quente e ela pensa que vai vomitar?

Tim perde uma entrada e estaciona do lado errado do cemitério. Temos que descer uma ladeira e atravessar o local todo para chegarmos aonde as cinzas de Jack estão sepultadas, um local com nada mais além de um marcador da casa funerária. Margaret reclama. Eu reclamo. Tim solta um gemido alto de frustração.

Ficamos ali por um instante, fervilhando de raiva perto dos túmulos de Jack e de minha mãe. "Vamos." Tim carrega Margaret nas costas ladeira acima. Caminho a passos pesados pela superfície fria e dura enquanto voltamos para o carro. Está muito escuro, agora, para parar perto do riacho e olhar a pequena árvore de Natal. Depois, encontraria ali carros Hot Wheels, acessórios dos Yankees e cruzes de linha colorida, e saberia que Jack havia feito parte de muitos Natais este ano.

Quando estacionamos o carro em nossa entrada, a avó de Daniel, Donna, está perto das latas de lixo, levando o refugo do Natal: montes de papel de presente de uma grande celebração de tias, tios, primos e netos. Em outros Natais, teríamos ficado com eles. Mas não queremos ver ninguém agora, especialmente alguém tão envolvido em nossa dor. "Tim, Anna...", começa ela, tentando nos dar condolências e estabelecer contato conosco, quando saímos do carro.

"Não é uma boa hora, Donna!", diz Tim rudemente, enquanto Margaret e eu olhávamos para o outro lado, pressionando o rosto na porta da cozinha e desejando que ele se apressasse e destrancasse logo a porta de casa. Sabemos que não estamos agindo com cortesia ao dar as costas para uma amiga, mas já estamos além do limite; não podemos lidar com mais nada hoje.

Feliz Maldito Natal.

TRINTA E DOIS

Um sábado à tarde, no início de 2012, Tim me informa que decidiu levar Margaret ao cinema. Digo que, talvez, eu também vá, mas Tim responde: "Bem, se pode levá-la, talvez eu fique em casa e trabalhe um pouco, então". Sinto-me magoada. Não estou só tentando cuidar de Margaret; quero que a gente faça algo juntos, como uma família.

É claro que Tim prefere ficar em casa e trabalhar. Eu também. Nenhum de nós está muito interessado em ver o desenho animado que Margaret escolheu. Se alguém ficasse em casa, seria mais barato e mais produtivo, é verdade. E também menos doloroso. Quando nós três estamos juntos, a ausência de Jack fica mais evidente, porque simplesmente não podemos fingir que somos uma *tag team* — com um de nós em algum lugar com uma criança e o outro com a outra —, como fizemos tantas vezes antes.

Não parece certo, mas essa é a família que temos agora, e quero que vivenciemos isso, que tentemos imaginar uma forma de fazer isso funcionar. Ir ao cinema. Ver TV juntos, no sofá, em vez de ficarmos em aposentos separados. Sentar num restaurante e decidir que banco será para uma pessoa e qual para duas. Ir aos locais sem amigos e parentes servindo de escudo. Mas Tim e Margaret acabaram indo ao cinema sozinhos.

Algumas semanas depois, Tim propõe uma viagem para esquiar, que inclui avós, tias, tios e primos do seu lado da família. Fazer planos para o futuro é um progresso, mas não o parece para mim. Essa viagem inclui voar em um avião, faltar à escola, gastar dinheiro e, provavelmente, entrar numa banheira de água quente, o que Margaret adoraria. Mas, por mais de uma década, Tim e os homens de sua família fizeram grandes viagens sem esposas nem filhos para esquiar no oeste por uma semana. Falavam em levar as famílias algum dia, mas sempre postergavam a ideia. Ressentia-me por Tim gastar tempo e dinheiro nessas viagens à custa de fazer algo significativo com nós quatro.

Dei minha bênção a Tim por essa nova viagem, mas não fui sincera. Tudo em que consigo pensar é como Jack era um bom esquiador e como teria curtido uma viagem assim. Antes me ressentia por Tim não incluir nossa família nessas férias e agora fico ressentida por incluir.

Temos de encontrar formas de viver a vida seguindo em frente, mas é torturante e complicado. Antes, a ideia de não fazer absolutamente nada parecia doentia e deplorável. Agora, porém, como podemos curtir alguma coisa novamente? Mas devemos. Sempre há feriados, aniversários e férias, e deve haver um jeito de lidar com eles sem aqueles que amamos.

Lembro-me de um passeio de carro pela cidade com minha mãe quando tinha a idade de Margaret. Passamos por uma casa com um grande projeto de construção em andamento. Na frente estava um carro com placas personalizadas onde se lia "POBRE AL". Perguntei a mamãe o que ela achava que queria dizer.

Ela respondeu: "Eu os conheço. O marido faleceu, e eles usaram o dinheiro do seguro para comprar um carro novo e arrumar a casa, como sempre quiseram. A placa diz 'pobre Al' porque Al não está perto para curtir nada disso". Sabia que as placas de carro pretendiam ser engraçadas, mas parecia meio desleal para mim que essa família estivesse seguindo em frente, fazendo progresso e curtindo a vida sem Al.

Esse é um dos motivos pelos quais foi difícil para mim aceitar as mudanças que vi em meu pai depois que minha mãe morreu e ele se casou novamente. Ele estava livre para progredir e prosperar, de uma maneira que jamais tínhamos visto antes, aproveitando muitas experiências novas, mas mamãe faleceu enquanto ainda estava nas trincheiras atarefadas da vida familiar. Parecia a verdadeira situação do "pobre Al" para mim.

Não me admira que meus sentimentos fiquem tão confusos quando se trata de decidir o que fazer sem Jack. Durante sua infância, guardávamos cada centavo e raramente gastávamos com alguma coisa, mesmo que tivéssemos o dinheiro. Esse estilo de vida simples nos beneficiou de muitas formas, mas sei que perdemos oportunidades de construirmos ainda mais lembranças com nossa família, enquanto ela estava intacta. Agora entendemos que a vida é curta e que devemos aproveitar ao máximo, mas, quando cogitamos fazer algo sem Jack, isso me arrasa e me faz sentir desleal.

Pensar no "pobre Al" ou no "pobre Jack" me deixa arrependida. Tento não deixar arrependimentos tomarem conta de mim, mas é difícil me livrar deles. Arrependo-me de algumas coisas que fiz e de outras que deixei de fazer. Tenho certeza de que Tim se arrepende também, por isso tento não ficar ressentida com ele por querer fazer melhor, agora que tem mais conhecimentos.

Recusar-nos a pelo menos aproveitar a vida, por lealdade a alguém que se foi, nos impede de ter a chance de vivenciar um dia bom pela frente. Dissipa as lições que aprendemos sobre aproveitar a vida ao máximo. Provoca destroços e devastação. Entendo isso. Realmente entendo. Mas essa é uma dança estranha, e levaremos algum tempo para descobrir quais passos daremos.

TRINTA E TRÊS

Minha amiga Arian, que conhecia Jack desde que era bebê, me diz que começou várias vezes a nos escrever uma carta de condolências, mas que não conseguiu fazer isso. Por fim, ela escreve um poema em homenagem à primeira palavra de Jack — um acontecimento de que ela se lembra com clareza —, e o intitula *Avis rara**, "Pássaro raro", em latim.

"Não sou poeta, Anna, mas sabia que tinha que escrever um poema", diz ela. Ela capta quem Jack é maravilhosamente, e me faz sentir saudade dele ainda mais, quando me permito recordar os estágios que são descritos.

> *Avis rara*
> Para Jack
> de Arian Hadley
>
> "Pássaro", ele sinalizou.
> Os dedos roliços agitados.
> Nós, maravilhados, aplaudimos.
>
> "Pássaro", ele falou.
> "Começa com *P*." Tão esperto, tão jovem.
> Nós, fascinados, sorrimos.
>
> "Pássaro!", ele berrou.
> Alto demais para as regras da sala de aula.
> Nós, suspirando, o corrigimos.

---

* Pessoa ou coisa rara, difícil de encontrar; pessoas de qualidades raras ou de talento raro. [N. E.]

"Pássaro", ele imaginou.
Em histórias, jogos e blocos coloridos.
Nós, admirados, sonhamos.

"Pássaro", ele brincou.
Com humor apropriado e alegre.
Nós, rindo, nos lembramos.

"Pássaro!", ele declamou.
Confiante em cima do palco.
Nós, resplandecentes, o ovacionamos.

"Pássaro", ele se tornou.
Por que deveria voar tão cedo para casa?
Sofrendo, gritamos.

"Pássaro", lamentamos.
"Volte aqui! Você voou alto demais.
Não podemos vê-lo!"

"Pássaro", ele sussurra,
"Deixe minhas asas envolverem seu coração.
Nos encontraremos novamente."

É surpreendente. Posto o poema no meu blog para dar outra visão de Jack. Em pouco tempo, de lugares tão distantes como Israel e Okinawa, histórias de pássaros jorrariam de meus leitores, somando-se à lista de maravilhas do meu caderno. São histórias incríveis de pássaros chamando a atenção das pessoas, exatamente no momento em que pensam em Jack.

As histórias vão me fazer recordar a noite difícil, cinco semanas após o acidente, quando Tim e Margaret estavam fora e uma tempestade cortou nossa luz de novo. Eram seis horas da tarde. De uma quinta. Sentei sozinha no sofá da sala de estar, no escuro, imaginando se alguém podia, de fato, morrer de desilusão. Então um pássaro começou a cantar tão perto do meu ouvido que parecia estar dentro de casa. O pássaro, cujo canto era o mais alto que já ouvi, me fez companhia durante horas, aliviando minha alma apesar da escuridão e da tempestade, até que Tim e Margaret voltassem para casa. Na manhã seguinte, encontrei-o pousado num vaso de flores em nossa varanda com tela. Abri a porta para ele e, gentilmente, o encorajei a sair. Ficaria pensando, depois, qual seria o significado dessas histórias.

Mas primeiro minha amiga de faculdade, Courtney, me manda um e-mail. Courtney estava dois anos na minha frente na escola. Quando voltei para a faculdade, depois da morte de minha mãe, Courtney fez um jantar para mim fora do *campus* e assumiu o papel de mãe nas pequenas situações em que eu precisava. Tornamo-nos ainda mais próximas através do estudo da Bíblia da nossa irmandade, enquanto explorávamos como viver nossa fé.

Depois da faculdade, perdemos contato por muitos anos, até que o Facebook entrou em cena. Ela foi uma das primeiras amigas que procurei. Em seu perfil, vi o mesmo rosto lindo de vinte anos atrás. Mais abaixo na página, o trabalho de Courtney era registrado como "intuitiva". Hã? Pensei que ela ensinasse matemática. Isso me pareceu estranho. E, além do mais, *intuitiva* não era um adjetivo, como uma característica que você tenha e não algo que faça profissionalmente? Courtney estava dizendo ali que era médium?

Nunca entendi o que as pessoas queriam dizer quando falavam sobre energia, auras ou cristais, e tinha vivido mais de quarenta anos sem nunca me aproximar de pessoas que liam mãos ou cartas de tarô. Anjos também não têm lugar em minha vida, exceto nas histórias da Bíblia.

Ponderei se devia enviar uma solicitação de amizade a Courtney. O que poderíamos ter em comum? Estaria apoiando, talvez, algo anticristão ou assustador sendo sua "amiga virtual"? Depois de alguns dias, estava mais para *Fica fria, mulher! É Facebook*. Então, enviei a solicitação. Não queria desperdiçar a chance de me reencontrar com uma amiga querida só porque seu trabalho parecia esquisito para mim.

Ela aceitou minha solicitação e trocamos algumas mensagens sobre nossas famílias e amigos comuns dos dias de faculdade. Era como se o tempo não tivesse passado.

Depois da morte de Jack, como muitos dos meus amigos de faculdade, Courtney mandou flores e mensagens de encorajamento. Ela até veio ao funeral dele, mas não tivemos oportunidade de conversar no meio de tanta gente.

Seu mais recente e-mail diz: "... Vi seu blog sobre o 'Pássaro raro' hoje. E simplesmente sei, Anna, que Jack está mandando uma mensagem para você através de mim. Às vezes, Deus usa pessoas, assim como aplicativos de iPhone. :) Jack está mandando seu amor, Anna. Muito amor".

Jack está mandando uma mensagem! Essa ideia me irrita e me confunde. Principalmente porque tentei tanto seguir o cristianismo de maneira "correta" todos esses anos. Como posso conciliar os avisos da Bíblia sobre profetas e gente que pressente o futuro com uma mensagem do além-túmulo? Por outro lado, como explicar o modo que Deus usa, frequentemente, profetas, sinais, visões e sonhos nessa mesma Bíblia?

Percebi que, embora eu venha seguindo Deus por décadas, sou terrivelmente mal informada sobre assuntos do espírito. Fico andando em círculos. Por que o que Courtney tem a dizer é tão diferente do que minha amiga, a missionária, e outros têm nos dito? Ou o que minha melhor amiga vivenciou quando Jack veio até ela em seu quarto?

Fico estressada e preocupada. E se falar com Courtney abalar ou roubar minha fé? Não posso perder Deus para a morte de Jack. Deus é aquele que me dá a esperança do céu e até mesmo uma pista de que possa haver um propósito em toda essa loucura. Se eu O perder, o que me restará?

Se ouvir Courtney, estarei traindo Jesus?

E se Courtney me disser algo tão doloroso e aterrorizante com o qual eu não consiga lidar? E se a alma de Jack estiver atormentada pelas circunstâncias violentas de sua morte? E se ele achar que eu não me esforcei para salvá-lo? Estou apavorada com o que possa ouvir.

Ligo para Liz e falo dos meus temores. Ela, rapidamente, acaba com a questão de "trair Jesus". "Às vezes Deus usa as pessoas que são diferentes para conseguir nossa atenção. Como os três reis magos. Eles eram estrangeiros que estudavam estrelas, mas são os que Deus levou até Jesus. As pessoas que ficaram esperando todo aquele tempo não procuravam um bebê. Os magos tiveram olhos para ver o que Deus lhes mostrava. Talvez Deus tenha colocado Courtney em sua vida porque Ele sabe que ela fará a mensagem chegar até você. Talvez ela possa ajudá-la da maneira que você precisa."

Isso faz sentido para mim. Deus sabe que procurar uma médium está muito longe da minha zona de conforto. Por que não falar comigo através de alguém como Courtney, uma pessoa que já conheço e em quem confio?

Também fico imaginando se Deus esteve me preparando para ouvir o que Courtney possa compartilhar. O versículo da Bíblia e a premonição de Margaret durante o verão. Os sinais miraculosos, em nossa casa, na noite do acidente de Jack. O Espírito Santo me preenchendo com palavras bem específicas, para falar com a polícia e no enterro de Jack, assim como as visões e os sonhos, em detalhes, compartilhados por amigos nos dias que se seguiram à morte de Jack.

Talvez todas essas coisas estivessem abrindo, lentamente, meu coração, muito tradicional e comum, para ouvir mais um exemplo de que os caminhos de Deus não são os meus caminhos.

Reflito sobre algumas palavras que Tim e eu lemos para Jack no jantar de formatura: "... *Esperamos que você continue a compartilhar conosco o que está acontecendo em sua vida, e, se não entendermos logo de cara, não desista de nós*". Talvez Jack tenha algo a nos dizer. Talvez precisemos de um golpe na cabeça, e vamos continuar a receber sinais até que o conforto que oferecem seja assimilado.

Nesse meio tempo, comecei a ler tudo o que podia sobre luto, morte, experiências de quase morte e céu. Acho que podemos aprender com as pessoas que compartilham o segredo de vislumbres sagrados, através de experiências de quase morte, sobre o que vem depois da vida na terra.

Grande parte dessas histórias têm similaridades impressionantes e me fazem aguardar ansiosamente pelo céu, mais do que antes. Há uma luz brilhante e sentimentos intensos de aceitação, bem-estar e amor. Existem seres amorosos lá: anjos, parentes falecidos e Deus. Há, com frequência, uma análise da vida de alguém, que é como assistir a um filme, além de uma música indescritivelmente bela e períodos intensos de aprendizado, trabalho e entendimento de muitos dos mistérios da vida. O céu não parece ser chato, como Jack e eu temíamos.

O aspecto favorito da experiência de quase morte para mim é que muitas pessoas que passam por isso não querem voltar. Quero que Jack esteja vivenciando algo tão maravilhoso e perfeito, que a vida amorosa que compartilhamos aqui seja uma frágil imitação, se comparada a isso.

Mas o aspecto das experiências de quase morte que me perturba é que *muitas* pessoas foram salvas quando estavam à beira da morte, e até mesmo depois de ultrapassar essa fronteira. Tenho vontade de gritar: "Por que não Jack?" Com certeza ele poderia ter usado a experiência de quase morte para o bem do mundo! Jack era compreensivo e eloquente. Telegênico até. Eu gosto de escrever e não tenho muito medo de falar em público.

Se Jack tivesse sobrevivido, poderíamos ter compartilhado suas experiências celestiais com nossos amigos, vizinhos e o mundo. Poderíamos escrever um livro juntos. Ele poderia começar seu próprio blog: *Quando Jack Voltou*. As pessoas seriam abençoadas por seus vislumbres do céu, sua fé seria fortalecida e eu continuaria a ter meu filho aqui comigo. Não seria uma boa maneira de Deus demonstrar Seu poder, cuidado e amor? Não seria melhor do que um corpo ferido e a morte?

Depois vem a culpa ao ler sobre gente que sobreviveu ou foi conduzida de volta à vida após ficar embaixo da água por muito tempo. Dez minutos, quinze, quarenta e cinco! Pelo lado positivo, eles escrevem que não sentiram medo nem pânico, mesmo enquanto o corpo se debatia. Por outro lado, e se desisti fácil demais quando vi a torrente de água enfurecida? E se quando senti que a alma de Jack havia partido ele estivesse apenas numa viagem temporária ao céu, e pudéssemos trazê-lo de volta, como muitos outros?

Ao mergulhar na Bíblia e ler sobre experiências de quase morte, consigo consolo sabendo um pouco mais sobre como é a experiência de Jack no céu. Mas, conforme os dias vão passando, a terra sem ele realmente começa a se parecer como o inferno.

Envio um e-mail para Courtney e digo-lhe que estou pronta para ouvir o que ela tem a dizer. Ela me manda também um e-mail em resposta:

> Bem, Anna, desde a noite em que Jack morreu e eu soube do acidente pelos noticiários, eu o sinto. Antes eu nem sabia que ele era seu filho... Sempre que via esse gaio-azul, sentia que era uma mensagem de Jack. Tinha

a sensação de que o gaio-azul era um "pássaro raro". E fiquei curiosa, porque eles não são raros. Mas, quando vi o poema "Pássaro raro", sobre Jack, eu soube, Anna. Jack está lhe enviando uma mensagem através de mim. Está mandando seu amor, Anna. Muito amor. Ficarei feliz de compartilhar mais com você sobre isso, se ou quando estiver interessada. Já ajudei outros pais antes. Nunca sei que mensagem surgirá, ou até mesmo se haverá alguma. Também compreendo se não houver interesse...

Pedi-lhe que me falasse mais, via Facebook, e ela disse que é capaz de "vivenciar Jack". Hã? Ela não havia se sentido impelida a compartilhar isso comigo nas últimas semanas, até que a menção do "pássaro raro" surgiu no meu blog.

"Até que eu soubesse que era o momento certo, Anna, fiquei imaginando que o que estava vivenciando de Jack era para meu próprio benefício. Mas agora sei que é hora de compartilhar", ela escreveu.

Minha primeira pergunta para ela é: "Jack está bem?" Pode parecer uma pergunta estúpida, quando tenho cem por cento de certeza de que ele está no céu com Deus. Alguém pode estar mais "bem" que isso? Mas penso nas mães, em toda parte, cujos filhos levaram um tombo ou sofreram um desastre que pudesse ter acabado em tragédia. Mesmo com os filhos por perto, vivos e sadios, as mães segurarão os bebês nos braços, por um instante, para vê-los melhor. "Você está mesmo bem? Tem certeza de que está bem?" Cem vezes não é o bastante. Quero ouvir isso de novo.

Courtney responde por escrito:

Jack está muuuuuito mais do que bem! Ele está exuberante! Como se explodisse de alegria dizendo: "Isto é tão legal!" Está adorando! E ele ama muito você! Está feliz. Loucamente feliz. Seu espírito é tão bonito, Anna! Estou comovida, admirada e à disposição para encontrá-lo. Com frequência, eu sinto fisicamente a alma — as emoções —, a personalidade. E eu sinto Jack. Ele está muito, muito bem. Não acho que tenha sofrido, Anna. Meu entendimento do que estou sentindo dele é que seu espírito deixou o corpo antes de o corpo morrer. Que ele não estava com medo. E queria que você soubesse disso. Ele me mostrou que foi imediatamente socorrido. E estava desorientado, mas viu pessoas procurando por ele e disse: "Estou aqui...", mas ele não estava na água. Até quando você esteve lá, Anna, o espírito dele já não estava na água. Ele estava bem. Ele quer tanto que você saiba que ele está no País das Maravilhas. O céu não é em nada como ele imaginava. É melhor.

Ele pode estar em mais de um lugar ao mesmo tempo. Ele me dá a impressão de ter sido recolhido... ou algo parecido. Tinha chegado a hora. Havia seres lá esperando para recebê-lo. Ele não estava sozinho. E não ficou com medo. Ele quer que você saiba que ele não ficou com medo. VOCÊ não precisa ter medo.

"Obrigado por ser minha mãe." Ele está expressando muita gratidão, de maneira afetuosa. "Você sempre será minha mãe. Não moro no céu. Por que todo mundo olha pra cima? Não estou lá em cima. Estou aqui (apontando para o seu coração)". Ele NÃO quer dizer como uma lembrança. Quer dizer vivo, em seu coração.

Ele está me mostrando uma imagem em que vê você olhando pela janela. Você não se sente bem nem dentro nem fora de casa. Ele a está ajudando. Está dizendo: "Estou ali". Está me mostrando uma imagem de Tim jogando uma bola para o ar e ele mesmo a pegando. Parece que ele o está encorajando a isso. Tenho a sensação de Jack estar provocando Margaret, brincando com ela, como se dissesse: "Cara, agora você tem direitos sobre o meu quarto". Aproveite isso. Não é um santuário.

Ele está rindo alegremente. Anna, Jack é mesmo um menino incrível. Muito brilhante. Muito brilhante. Um pássaro raro realmente. Eu o adoro. Ele é tão gentil, para uma pessoa com energia emocional tão intensa. Sinto muito por sua dor, e estou me juntando a Jack, enviando-lhe paz e a mensagem de que a vida não termina quando o corpo acaba, embora continuemos a sentir muita saudade do corpo.

Courtney continua, dizendo que Jack não está sozinho, mas cercado por outras pessoas, um grupo de umas doze crianças ou mais, com o propósito especial de mostrar que a vida na terra não é o fim. Jack diz: "É realmente muito tranquilo aqui." E, de novo: "Não é em nada como imaginei que fosse; é melhor".

Isso é só uma parte do que Courtney tinha para me dizer. Para mim, suas palavras mais importantes, vindas de Jack, são as que informam que ele não estava com medo e que não sofreu. Acreditei instantaneamente nelas, do fundo do coração. Na realidade, acho que já sabia disso o tempo todo, mesmo antes de elas serem ditas, porque fiquei relativamente livre da ruminação mental de Jack ter ficado preso embaixo da água. Como é possível não ficar atormentada, se ele é meu coração, e sua dor, a minha? Acredito que a paz não veio de outro lugar, a não ser de Deus, e agora ouço isso de Jack.

Algumas semanas depois, Courtney e eu nos reunimos em sua casa. Sentamos, tomamos chá e conversamos. Duas velhas amigas. Duas mães. Oro o tempo todo para que nossa conversa não faça nada para enfraquecer o meu relacionamento com Deus. No final do nosso tempo juntas, ela me diz a coisa mais surpreendente: "Anna, quando estávamos conversando sobre Margaret caminhando em direção ao seu carro, naquele dia, afastando-se do quintal de Joe, vi uma coisa enquanto falávamos. Eram anjos, Anna, ao lado dela, subindo a ladeira com ela e descendo a rua, em sua direção. Margaret não poderia ter ficado, nem que tentasse. Eles estavam tirando-a de lá. E agora entendo por que senti que a alma de Jack foi 'recolhida' da água. Eram os anjos. Eu sei que isso não faz muito sentido com Jack morrendo, Anna, mas anjos protegeram seus filhos. Simplesmente sei".

Depois de abraçar Courtney e deixar sua casa, entro no carro e digo: "Amém", terminando a oração silenciosa que estive fazendo desde que cheguei lá. Uma prece na qual digo que não desonraria Deus de nenhuma maneira. Inclinei-me para checar se havia mensagens no celular.

Ali, em vez da minha tela de *login*, estão versículos da Bíblia, Romanos 8:38-39, que apareceram ali na noite do acidente de Jack. Começo a achar que é hora de decorá-los. "Pois estou convencido de que nem a morte nem a vida, nem os anjos nem os demônios, nem o presente nem o futuro, nem quaisquer poderes ou autoridades celestiais, nem altura nem profundidade, nem qualquer outra coisa na criação será capaz de nos separar do amor de Deus que está em Cristo Jesus, nosso Senhor."

Nada. Nada. Nada.

Esse versículo tem me consolado, por saber que a morte não separou Jack do amor de Deus nem mesmo por um instante. Nem enquanto estava deslizando, navegando pelo ar ou preso embaixo da água. Agora guardo as mesmas palavras para mim mesma, sabendo que nada — nem a morte de meu filho e, certamente, nem ouvir uma médium — pode separar esta mãe sofrida do amor de Deus.

Com o tempo cogitaria que Deus havia sido o arquiteto de cada parte de minhas interações com Courtney. Deus tinha me preparado para ouvi-la, para mantê-la afastada até que eu estivesse pronta, embora ela se sentisse ligada a Jack desde a noite do acidente.

Conforme leio mais livros e também a carta de uma leitora do blog, que quase se afogou duas vezes, também vejo como o resumo de Courtney sobre a experiência de morte de Jack é similar às experiências de outras pessoas. Muitas vezes, mesmo que o corpo sofra, a alma já está livre dele.

Penso em quanto consolo esse ponto pode trazer às pessoas de luto. Quero espalhar essa paz a todos os que amam nosso filho e também àqueles que se preocupam com os segundos finais dos que amam. Como Deus é generoso com as pessoas quando elas transitam da vida para a morte.

Ainda assim, estou em conflito sobre compartilhar minhas interações com Courtney, ou os outros sinais, com amigos, entes queridos e leitores.

Primeiro, não quero dar a impressão de que Jack é mais especial que qualquer outra pessoa. Quer dizer, é claro que *eu* acho que ele é, porque sou sua mãe, mas, se você conhecesse Jack e sua personalidade humilde, entenderia o que quero dizer. Quando Papai Noel perguntou-lhe se tinha sido bom menino, Jack, com três anos de idade, respondeu: "Um pouquinho". Quando foi entrevistado para um programa de beisebol, a respeito de que pessoa famosa gostaria de conhecer, ele respondeu: "Nenhuma. Isso seria estranho". Jack não era um cara que pedia atenção ou tratamento especial.

E quanto às pessoas que perderam seus entes queridos, mas não receberam nenhum sinal? É assim que tem sido com minha mãe, e a última coisa que quero fazer é acrescentar mais dor quando as pessoas ficam de luto.

Segundo, estou preocupada com o que as pessoas vão pensar de mim. Vão achar que sou estranha se eu falar de milagres e mistério? Quando se trata do meu blog, tenho certeza de que minhas palavras parecerão cristãs demais para uns e não cristãs o suficiente para outros. E se eu não disser "Jesus" o bastante? E se parecer que estou tentando enfiar Deus e o céu goela abaixo nas pessoas?

Todos vão passar por experiências de perda neste mundo, e os sinais de consolo nos lembram de que há um grande amor, mesmo em nossos momentos mais sombrios. Eles não me mostram que Deus é diferente daquele que Ele diz que é, mas talvez que Ele seja diferente da caixa em que eu O coloquei. Talvez com o meu foco, seja na oração, no estudo ou no serviço religioso, em um Deus grande e intelectual, e em uma Bíblia repleta de raízes gregas, tenha me esquecido de que meu Deus é um Deus que se curva em sinal de amor neste mesmo instante, ainda que seja da maneira mais pessoal. Penso, por exemplo, na bondade de Deus ao nos dar a bela metáfora de um pássaro. A liberdade de um pássaro é um contraste tão grande com a armadilha que o corpo de Jack suportou. Quando pensarmos em Jack, seremos capazes de pensar em sua alma se elevando.

Cada ligação, cada vislumbre do sobrenatural, é uma demonstração impressionante de amor terno e pessoal, e é isso que quero que os outros saibam, mesmo que não os tenham vivenciado pessoalmente. Mesmo quando não existem sinais, Deus continua por perto. Mas, com os sinais, às vezes somos capazes de vislumbrar um pouquinho de Seu mistério, de uma forma que nos impressiona e encoraja, exatamente onde estamos.

Os sinais me fazem lembrar que o Deus em que acredito está em atividade agora, derramando compaixão em minha própria vida um tanto flagelada. E que a alma de Jack está viva e bem. Eu os tomo não como um grito, mas como uma carícia ou um sussurro divino: *"Estou aqui... Nunca a deixarei nem a abandonarei... Jack não disse que nada é impossível para Deus?"*

TRINTA E QUATRO

Abro a livraria da igreja, certa noite, esperando que um grande concerto da orquestra traga novos clientes. É uma das minhas primeiras tentativas de sair de casa à noite, depois de tanto tempo, e me sinto bem. Apenas algumas pessoas aparecem.

Um casal de seus setenta anos entra, e eu pergunto como posso ajudá-los. Eles estão de mãos dadas. "Você tem algum livro sobre luto?"

"Claro." Levo-os para a seção dos fundos, que construí nos últimos dois anos, jamais imaginando que escolheria os títulos em meu próprio benefício, procurando por uma solução, um plano, um vislumbre de esperança.

"Com certeza você tem uma grande coleção", comenta o homem. "Leu a maioria deles?"

"Sim." Não elaboro muito a resposta. Em cinco minutos, essas pessoas sairão pela porta. Elas não precisam de minha história de vida. Além disso, ainda não tive realmente que contar a ninguém o que aconteceu com Jack. Em nossa pequena cidade, a maioria das pessoas já sabe, e com certeza não estou saindo e conhecendo gente nova todos os dias. Temia dizer as palavras, da mesma forma que temia ter que responder à pergunta: "Quantos filhos você tem?" Ainda se passariam mais seis meses antes que a persistência do meu dentista em saber "Como vai o Jack?" e "Faz algum tempo que não vejo Jack" me forçasse a dizer, com suas mãos em minha boca: "Ele morreu".

"Nós nos conhecemos num grupo de luto na nossa igreja", continua o homem. "O marido dela e minha esposa morreram com poucos meses de diferença. Agora vamos nos casar!" Ah, ficar de mãos dadas! Esses dois são recém-apaixonados. A mulher desvia os olhos dele e olha para mim, tentando descobrir se a conversa está me aborrecendo. Imagino como deve ter sido difícil para ela abraçar a promessa de uma vida nova enquanto continua honrando a vida que teve antes.

Não estou aborrecida. Desde que a conversa permaneça sobre eles. Mas não; ele avança de repente: "Então, alguém próximo a você morreu? Quero dizer, se você leu todos estes livros...?" Certo. Vou contar. "Meu filho de doze anos." Sei que, se disser o nome de Jack, vou romper em lágrimas.

Eles se olham novamente. Posso notar que a mulher faz menção de interrompê-lo. Querendo me poupar. Mas não o faz. Ele olha para mim, entusiasmado. "Seu *filho*? Oh, sinto muito! Mas agora você deve saber, não é?"

"Saber o quê?"

"Como eles estão perto! Sabe disso, não sabe?" Ele não espera uma resposta. Aponta para a noiva: "O filho dela ouviu a voz do marido dela no telefone. No telefone! Quero dizer, como isso funciona? E eu vi minha mulher no meu quarto! *Vi!* Deus não é bom?"

Há alguns meses, ou até mesmo há poucas semanas, eu os teria colocado para fora, por achar que eram malucos. Mas agora sei que o que dizem é verdade. Sei o que eles sabem, embora certamente não saiba como isso funciona. Nossos entes queridos estão mais próximos do que achamos. O véu entre "aqui" e "lá" é muito fino. A vida eterna, da qual falamos em nossas igrejas, é real e está em ação neste momento.

Tudo o que posso pensar é: *Bem-aventurados os que choram, pois eles serão consolados.* Esse homem quer ter certeza de que fui consolada, de que sei que o conforto está bem debaixo do meu nariz e em tudo ao meu redor, através de nosso Deus amoroso. A animação dele ao falar com mais alguém que, por ter perdido tanto, com certeza deve entendê-lo me faz achar que seu entusiasmo possa não ter sido tão bem recebido em outros círculos.

Entendo isso. Ficamos tentando imaginar quando falar e quando nos conter.

Mas eu também sou cautelosa ao me conter, porque, da mesma maneira que aquele cavalheiro mais velho, quero espalhar o consolo, em vez de guardá-lo para mim. Acho que essa é uma parte da missão de Jack no céu e quero apoiá-lo.

Somos uma sociedade secreta de crentes essa noite, aqui no canto dos fundos de uma livraria de igreja. Não há aperto de mão entre aqueles de nós que conhecem um sofrimento tão profundo, que os olhos são abertos de um modo que nunca abriram antes. Com um aceno e um sorriso, eles vão embora.

IV
Amanhã e amanhã

TRINTA E CINCO

"Odeio você!", digo a Tim com desprezo quando ele entra novamente no carro. Nunca tinha falado assim com ele.

"É claro que odeia! Nunca fiz nada certo durante o tempo todo que você me conhece!", berra ele em resposta, com a expressão mais carrancuda que eu já tinha visto em seu rosto, seu olhar uma mistura de desgosto e desespero. Margaret está fora do carro, no estacionamento imundo do posto de gasolina, choramingando e com ânsia de vômito. Despejo mais algumas palavras furiosas em Tim por ele querer sair tão tarde e por seu jeito perigoso de dirigir. Ele responde: "Talvez devêssemos desistir dessa coisa toda!"

"Você precisa voltar lá e ajudá-la!", digo. E ele sai do carro.

Estamos indo para Richmond, a duas horas de casa, para que Margaret possa ir ao acampamento de luto. Já se passaram seis meses desde o acidente de Jack, e, apesar do amor de Deus, dos sinais de Jack e do apoio de nossos amigos e da família, ainda lutamos contra a dor. O acampamento é para crianças que perderam um dos pais ou irmãos, e ouvimos coisas muito interessantes sobre como eles se aproximam das crianças e as ajudam a se dar conta de que não estão sozinhas. Todos os orientadores, ou "tios", já tiveram perdas também, e há terapeutas em cada grupo que fazem exercícios de cura com as crianças.

Acontece que uma morte chocante como a de Jack demora muitos meses só para você começar a aceitar o fato, quanto mais começar a se curar. O acampamento de luto nem considera aceitar crianças que tiveram uma perda há menos de quatro meses. Então, aqui estamos nós na marca dos seis meses, com a dor ainda nos massacrando, determinados a chegar a Richmond, desesperados por encontrar uma maneira de ajudar nossa menininha.

Quero partir no início da manhã e andar um pouco por Richmond para fazer compras e almoçar algumas horas antes que o acampamento abra naquela tarde. Tim tem medo de que isso deixe Margaret ainda mais ansiosa e que ela se recuse a ir; então, quer sair à tarde.

Estou irritada.

Saímos à tarde e em seguida ficamos presos no trânsito da 95 Sul. Tim também está irritado, como se eu, de alguma maneira, tivesse causado o congestionamento como parte de um plano diabólico para desacreditá-lo e culpá-lo por todos os problemas do mundo. Ele tenta sair da autoestrada e pegar um atalho. A lentidão do tráfego faz com que uma já ansiosa Margaret se sinta prestes a vomitar. Vomitar é o seu maior medo no mundo. Ela diz que prefere morrer a vomitar, e eu acredito nela.

Seu rosto fica vermelho, e o corpo, quente. Ela entra em pânico. Paramos no estacionamento do posto de gasolina. Levamos quase três horas para chegar a Woodbridge, que fica a apenas trinta e sete quilômetros de casa. Escapamento de carros, lixo e o odor rançoso de fritura nos saúdam ao lado da estrada, os carros zunindo. Não faço a menor ideia de por que agora vão tão rápido, quando a tarde inteira se arrastaram pela estrada. A pequena Margaret, de apenas um metro e vinte, choraminga e se lamenta, tentando vomitar, mas sem sucesso. Tim desce do carro, esfrega as costas dela e tenta acalmá-la.

Como ela normalmente me procura quando está com medo, essa é a primeira oportunidade de Tim lidar com uma de suas explosões induzidas pelo medo do "Vou vomitar". Nesses momentos, ela segura minha mão, sem mexer qualquer parte do corpo avermelhado pelo fluxo de sangue, com medo de que qualquer movimento a faça vomitar. Ela me faz orar por ela e ler salmos em voz alta, enquanto tenta conter o tremor do corpo. Agora estou sentada no carro, a cabeça apoiada no volante, enquanto Tim tenta gentilmente fazer Margaret se acalmar, respirando fundo.

A família parada no acostamento em Woodbridge é irreconhecível para mim. Estamos nos voltando uns contra os outros como se fôssemos animais enjaulados. Fico pensando se deveríamos insistir no acampamento. Tim está prestes a jogar a toalha, mas tenho certeza de que o acampamento será bom para Margaret. Será que não estou forçando essa situação só para dar a impressão de "estou fazendo alguma coisa por ela"? Para que eu possa ter uma resposta quando as pessoas perguntarem se a estamos ajudando? Que diabos eu sei sobre ser mãe a essa altura? Quem estou querendo enganar, achando que posso tomar boas decisões para nossa família? Olhem aonde viemos parar!

Ergo a cabeça e digo em voz alta as palavras que estão martelando na minha cabeça. "Satã, você não terá essa família. Satã, você não terá essa família!" Soa estranho falar isso em voz alta, e, afinal de contas, a família a que me refiro mais parece um farrapo alquebrado de família, mas digo as palavras e me encosto no banco.

Tim e Margaret voltam para o carro, e sei que tenho que decidir, já que sentei no banco do motorista. Norte significa casa; sul, acampamento. Suavemente, eu me dirijo para o sul. O humor de Margaret mudou completamente, e o de Tim também. Quando chegamos ao acampamento isolado, a viagem de duas horas tinha levado seis. O acampamento fica logo adiante e seria muito fácil dar a volta agora. Margaret fala com calma, sabendo que é mais fácil para nós conversarmos com ela quando é razoável conosco: "Por favor, não me obriguem a ir".

Já passa das sete da noite. Sei que ela não come nada desde as onze, nem mesmo bebeu um gole de água, e também não tinha ido ao banheiro. Meu coração se despedaça enquanto a levo até o conselheiro, dou-lhe um beijo no topo da cabeça, me viro e vou embora.

Tim e eu passamos o fim de semana nos preocupando com Margaret no acampamento. Ela está dormindo? Sente-se traída? Estamos em um hotel que fica a vinte minutos de lá, para o caso de ela precisar de nós. No passado, uma viagem a um hotel sem crianças teria sido miniférias. Dessa vez, choramos em silêncio e nos distraímos com jogos de palavras nos celulares, saímos para jantar e tentamos pensar em coisas amenas para dizer um ao outro. Mais tarde, vamos transar. O horror da viagem de carro acabou. Agora só precisamos de um tempo. Também temos a tarefa praticamente impossível de nos esquivarmos de mais de cem meninos barulhentos de treze anos e das respectivas famílias, que estão passando o fim de semana no hotel por causa de um torneio de futebol. Fala sério!

Quando pegamos Margaret, ela está radiante. Não vai ser uma das que abraçam o conselheiro, chorando, dizendo que não querem ir embora daquele pequeno casulo de amor. Não, ela está pronta para partir, mas, apesar do trauma de vir para cá, esconder seu brilho dos outros teria sido impossível. Mesmo abalada e chocada, sua coragem, humor e presença de espírito não podem ser extintos. Ela participou de boa vontade do seu grupo e apoiou outras crianças que compartilhavam as próprias perdas.

Vou olhar furtivamente uma lista que ela fez no acampamento de como se sente sem Jack, e vejo as palavras: *chocada, desnorteada, incompreendida* e *solitária*, e fico impressionada de ver tanto do meu próprio pesar resumido por uma garota de dez anos.

As etiquetas com o nome dos campistas estão cobertas por alfinetes de metal que os participantes colocam durante o fim de semana, quando você faz alguma coisa muito corajosa ou contribui com algo de valor para o grupo todo. "Perdoo você por me fazer vir até aqui", diz Margaret, me entregando seu saco de dormir. Enquanto ela caminha até o carro e abre a porta, vejo que a etiqueta com seu nome está cheia de fileiras e mais fileiras de alfinetes.

"Cara, parece que você ganhou mais alfinetes que todos no acampamento", sussurro para ela.

"Eu sei", ela sussurra em resposta, parecendo bastante satisfeita.

TRINTA E SEIS

"Não fala, mamãe", diz Margaret, irritada, enquanto ligo o carro depois de outro jogo de futebol. No estacionamento de cascalhos, um pai dirigindo um jipe faz círculos enquanto a filha de cinco ou seis anos está em cima do encosto de cabeça com quase metade do corpo para fora. Margaret sabe o que tenho vontade de dizer — que é burrice falar que nada acontecerá com a garotinha, apesar do comportamento imprudente do pai, pois Jack não está morto?

Ela sabe, porque parece que encontramos esse tipo de cena em cada lugar ao qual vamos ultimamente. Uma mãe com o cigarro aceso próximo do rosto de seu bebê, que estica as mãozinhas tentando pegar a brasa. Uma garotinha sentada na beira da calçada conversando com trabalhadores que estão lá para espalhar o estrume de seus vizinhos. Uma criança deitada no meio da rua, mal podendo ser vista, quando viro a esquina dirigindo meu carro. Meninos saltando sobre o telhado podre de um galpão, do lado de fora da nossa janela. Uma criancinha no corredor dos brinquedos na Target, sem nenhum pai ou mãe à vista.

Cada cena é um perigo em potencial. Prendo a respiração de tanto medo, mas o momento passa e fica tudo bem. Será que devo passar minha vida batalhando por esses pequenos, sabendo o que sei agora: que qualquer coisa pode acontecer? Será que devo me aproximar dos pais como um arauto da desgraça, verificando o cinto de segurança das cadeirinhas nos carros, arrancando garrafas de Coca de suas mãos e mandando os pequenos perambulantes de volta às mães? Não sei.

Fui criada sem esses limites e sobrevivi. Essas crianças também vão sobreviver. A menos que não sobrevivam. E com certeza não posso prever isso. Não parece justo que algumas crianças saiam de situações perigosas ilesas e outras, não. Acho que ainda luto com a minha crença equivocada de que, se eu tentasse e me preocupasse o suficiente, minhas crianças estariam a salvo do perigo e poderíamos ter o tipo de futuro que havia sonhado depois da morte da minha mãe. Eu era uma pessoa estável e confiável. Protetora e antenada. Minhas crianças eram responsáveis. E mesmo assim... E mesmo assim.

Sei que esse é um argumento sem fundamento — que meus filhos, de alguma maneira, merecem estar vivos por causa das minhas boas intenções como mãe. Uma mãe amorosa que vive numa vizinhança perigosa se dá ao luxo de ter a falsa concepção de segurança que eu tinha, quando, apesar do que ela faça, sua criança pode ser atingida por uma bala perdida a qualquer hora? E as crianças que crescem na pobreza do Afeganistão ou da Somália? O desejo da mãe delas não é menos importante que o meu!

E quando o perigo vem de dentro, como câncer ou uma doença genética? Jack tinha mais direito de viver porque estava plenamente sadio na hora do acidente? E os bebês que estão confortavelmente presos em suas cadeirinhas no carro e mesmo assim morrem? A mãe deles poderia fazer algo mais além disso para protegê-los?

A verdade é que não é justo. Nada disso é. Não é justo que muitas crianças sobrevivam e se desenvolvam apesar da infância de risco, mas agradeço que consigam fazê-lo. Normalmente, as crianças sobrevivem aos momentâneos lapsos que cometemos, quando soltamos a mão delas por um instante, quando viramos a cabeça por um segundo, quando a vida nos distrai. Se for sincera comigo mesma, posso me lembrar de outras vezes ao longo dos anos em que poderia ter perdido uma das minhas crianças ou as duas, muito antes de ter perdido Jack.

Crianças morrem em riachos alagados, camas de hospital, campos de refugiados e na minivan da família. Isso acontece. Acho que preciso de outra lição sobre superação. Não quero esquecer nosso passado. Não quero esquecer a família com a qual sonhei, pela qual batalhei e orei. E também não quero esquecer essa ideia de justiça que, de alguma maneira, vem desde a minha infância, embora agora pareça estúpida. Porque, segundo ela, posso fazer alguma coisa. Segundo ela, meu amor e trabalho, e aquilo que passo para as minhas crianças vão produzir aquilo que eu espero que produza. Mas, quando me pego tentando fazer a vida justa, isso ameaça me afundar em raiva e amargura.

Onde a fé se encaixa nisso? Será que posso ter fé no fato de que Deus vê tudo? Que a justiça é Seu trabalho, não o meu? Que, a seu tempo, Ele fará todas as coisas belas? Que não fui colocada aqui para bancar Deus, para decidir quem está bastante seguro e quem é incauto, quem vive e quem morre?

Mesmo com seus dez anos, Margaret entende a futilidade do caminho que estou trilhando enquanto tento argumentar contra o jeito como as coisas são.

"Não fala, mamãe...", diz ela, porque identificar as deficiências dos outros e tentar justificar minha maternidade não trará Jack de volta.

E, embora minha maternidade não tenha sido do jeito que eu queria, com meus dois filhos crescendo em segurança, não foi em vão. Não foi desperdiçada nem estúpida. O equilíbrio entre liberdade e segurança, humor e estrutura, que era a cultura de nossa família, modelada pelo que aprendi com minha própria mãe, nos fez quem somos, e tenho de acreditar que valeu a pena. Mesmo que envolvesse brincar na chuva.

TRINTA E SETE

No final da primavera, a administração do cemitério nos manda uma carta lembrando que ainda temos de erguer uma lápide. Se não fizermos uma até completar um ano, o cemitério colocará uma placa simples lá para nós, por uma taxa.

Margaret também notou que ainda não cuidamos desse detalhe. Tenho certeza de que, para ela, parece que apenas não conseguimos parar para pensar que temos de marcar onde as cinzas de Jack estão enterradas e trocar a placa de plástico barata por algo mais substancial. E *tem sido* difícil nos organizarmos. Eu ainda tenho menos energia e iniciativa do que antes. Tim se arrasta para fazer o que precisa, e pegou algumas tarefas minhas também — paga as contas que eu costumava pagar, faz compras e ajuda Margaret na matemática.

Mas essa tarefa "extra" de tentar descobrir como colocar Jack numa placa de granito é demais para nós dois. Digo para as pessoas que estamos seguindo a tradição judaica de esperar um ano, não porque sejamos judeus, mas porque ainda não consigo encarar o que tenho de fazer.

É claro que, lá no fundo, só sou moralmente contra qualquer pai ou mãe ter de homenagear o local onde o filho está enterrado, porque não acho que mães deveriam ter de enterrar os filhos. Nunca. Então, o túmulo de Jack em branco é, de certa forma, meu protesto silencioso.

Não que mães do mundo todo não venham fazendo isso desde o início dos tempos, colocando pedras ou cruzes de madeira sobre pequenos montes de terra — se tivessem a sorte de saber onde os filhos estavam enterrados. Na verdade, muitas mães não tiveram sequer a oportunidade que eu tenho.

Tiveram de deixar os filhos para trás numa trilha de carroça, num campo de concentração, numa floresta ou num deserto, de incontáveis e impensáveis maneiras, sem chance de marcar ou revisitar o local. Tenho sorte de ter o cemitério na minha cidade e de que a pequena caixa de madeira com suas cinzas, junto com três pequenas peças de Lego, esteja enterrada ao lado da minha mãe.

Quando estava na faculdade, dirigia a velha minivan dela até o cemitério à tardinha, assustava os veados com os faróis e caminhava até seu túmulo. Às vezes, eu chorava. Outras, apenas tocava a lápide, olhava um pouco ao redor, voltava para o carro e ia embora.

Mesmo ao pôr do sol, podia ver que alguns túmulos não tinham placas, a não ser a de plástico barato que as funerárias colocavam. Muitas tinham vários anos, cobertas de sujeira e pedaços de grama. Deve ter sido antes da rígida regra do um ano. Aquela universitária que era eu à época sentia-se triste pelas pessoas enterradas lá. Pareciam tão negligenciadas! Imaginava que suas famílias fossem muito pobres para comprar uma placa ou tinham se esquecido completamente de seus entes queridos.

Agora já sei que cemitérios são diferentes para pessoas diferentes. Meus avós se sentiam confortados ao visitar meu tio, seu amado filho, no cemitério onde está enterrado. Iam lá quase todos os dias. Tim, Margaret e eu por enquanto só fomos poucas vezes ao cemitério desde que enterramos Jack.

Tim e eu obedecemos às regras, e tenho certeza de que obedeceremos à regra do um ano. O túmulo de Jack vai ter algum tipo de lápide. Quero mesmo ter um lugar aonde as pessoas possam ir prestar sua homenagem a ele, algo que seja aquilo de que precisam.

Acho que vou ver se dá para botar um banco de pedra lá, em vez de uma lápide; assim, posso continuar meu pequeno protesto e ainda prover um lugar para alguém sentar, rezar, rir ou chorar.

O processo parece paralisante e me deixa com várias questões.

Como se pode capturar o brilho de um olhar? Uma risada contagiante? Inteligência? Sabedoria? Um tapinha amistoso nas costas da irmã? Como você pode expressar o amor pela lógica e pela matemática unido a palavras, palavras e mais palavras? A introversão? A liderança? A bochecha mais macia do mundo? Podemos mostrar realmente a essência de alguém que tocou tantas vidas em doze anos, mas deveria ter tido mais setenta e um para fazer isso?

É claro que não. É difícil entender como fazer essas escolhas. Então, esperamos.

Acho que, às vezes, aquelas pequenas placas de plástico realmente dizem muito. Só que não o que achava que diriam.

TRINTA E OITO

Diana e nossa amiga de infância, Brenda, estão de volta à cidade visitando a família. Fomos a um dos lugares que frequentávamos no ensino médio. Sentadas à mesa pegajosa da lanchonete, conversamos sobre Jack, ainda sem poder acreditar que ele tinha partido. E, enquanto processamos o que aconteceu, sentimos o eco de uma perda antiga.

Jamais vou me esquecer de quando tive de telefonar para elas e contar que minha mãe havia morrido. Tínhamos apenas dezoito anos, jovens demais para lidar com vida e morte. Brenda e Diana reconheciam a extensão dessa perda, e durante todos esses anos tinham sido solidárias comigo cada vez que eu precisava enfrentar algo importante sem a minha mãe. Nunca esqueceram o quanto eu havia perdido.

Agora me dou conta de que há outro abismo me separando das minhas amigas. Elas não só podem desfrutar ainda do apoio das mães como também poderão ver os filhos chegarem à maioridade. Seus filhos vão crescer e florescer. Jack terá doze anos para sempre. E a corajosa e impetuosa Margaret terá uma vida maculada por essa perda.

Mais ou menos nessa época, conheço as expressões "efeito colateral" e "perdas secundárias" em alguns dos livros sobre luto que leio e percebo que eles dão um nome para o abismo entre mim e minhas amigas, assim como a outras tantas perdas que descobrimos depois de perder Jack.

A impressão que se tem é que, se você perde uma criança — ou sofre alguma catástrofe maior —, você e sua família devem conseguir um passe livre para todo o resto. Problemas financeiros devem desaparecer. As crianças sobreviventes devem florescer. Seu casamento deve ficar mais sólido. Você deve ficar ainda mais próxima dos amigos.

Mas, em vez disso, as perdas secundárias se amontoam. E há, é claro, a perda de ser a mãe de um menino, e a pontada de dor quando outras mães fazem piadas sobre meias fedidas, videogames chatos e não serem capazes de manter comida suficiente em casa. Estamos tendo dificuldade para terminar um galão de leite em uma semana, e boa parte da nossa comida estraga antes de termos a chance de comê-la. Ainda não me acostumei a fazer compras para três, e o mercado continua sendo o lugar que mais me faz chorar.

Sem o meu menino, nunca mais vou precisar ir a uma barbearia. Será que vou entrar algum dia só para cumprimentar os barbeiros que conheço desde que Jack tinha dois anos? Pelo menos Tim ainda pode ir lá para cortar o cabelo. Como será que ele se sente? Meninos de qualquer idade me fazem sentir dor, porque, quando os vejo, sinto saudade do adolescente que Jack estava tão próximo de se tornar.

Há também a perda de um aluno do ensino médio. Ajudo meus filhos com os estudos há tanto tempo quanto minhas amigas; no entanto, elas já passaram para álgebra e espanhol, e eu ainda estou no ensino fundamental com Margaret. É impossível não ficar sabendo sobre os passeios e as aventuras dos colegas de classe de Jack, e, cada vez que isso acontece, tenho vontade de morrer. Não de me matar; gostaria apenas que se abrisse um buraco negro na estrada e tragasse meu carro para eu não sentir mais essa dor.

Quando chegar a hora de escolher onde Margaret deve fazer o ensino médio, ficarei brava por não ter a experiência de Jack como base. Em vez disso, vou ter de ligar para os amigos pedindo conselhos ou marcar uma entrevista com os diretores. Se Jack estivesse sentado à nossa mesa, já saberia o que fazer.

Sinto ainda a perda de credibilidade como mãe. Será que ainda tenho força como mãe, como amiga e "mamãe blogueira", se perdi meu filho? Sinto-me diminuída. Uma sensação de vergonha e desespero paira sobre a minha cabeça. Eu me pergunto se as pessoas me evitam porque represento seus temores mais profundos. Tenho certeza de que eu também me evitaria.

E há a perda do beisebol, dos escoteiros, do grupo de jovens da igreja e dos muitos relacionamentos que existiam por causa de Jack. É tão complicado! Os pais dos amigos de Jack são nossos amigos. Será que falamos sobre seus filhos, ou isso os faria se sentirem culpados pelo que eles têm e nós, não? Fico ressentida por seus filhos estarem vivos? Acho que sim, e isso não me faz bem. Não que eu queira todos os garotos adolescentes mortos; apenas queria o meu vivo. Que droga de confusão!

Tim e eu tentamos ir a um jogo de beisebol para apoiar o antigo time de Jack e ver seu amigo Davis jogar, mas nossa dor é tão brutal que a única coisa que fazemos é chorar. Não levamos Margaret, porque estamos tentando protegê-la de situações em que sabemos que todos os olhos estarão voltados para nós. Ela já se sente esquisita o suficiente como a garota com o irmão morto. "Quando todos olham para nós, eu me sinto uma alienígena", diz ela.

E percebemos que Margaret não só perdeu seu melhor amigo e irmão, com suas piadas particulares e conversas secretas, mas também as idas e vindas de meninos à nossa casa e na vida dela. Não há mais a pilha de sapatos fedidos na porta da cozinha, nenhuma correria de meninos para dentro e para fora durante o dia. Nem piadinhas com o sexo oposto.

Como foi significativo para mim, quando estava crescendo, conhecer os amigos do meu irmão. Ter um irmão mais velho me fazia sentir protegida, desmistificando os meninos para mim e melhorando bastante minha vida social.

"Jack teria sido meu sexy irmão mais velho", disse Margaret certo dia, com saudades de Jack, seu protetor e encorajador, além das outras coisas que poderia ter proporcionado a ela durante os anos de adolescência.

Será que Margaret continua sendo uma irmã, já que o irmão se foi?

Na infância, consideramos nossa vida em relação aos outros: mãe, filha, esposa, irmã, amiga. Quando esses relacionamentos se rompem ou desaparecem, como ficamos? Como integramos essa perda à nossa identidade, agarrando-nos ao significado do relacionamento enquanto tentamos achar um jeito de seguir adiante?

Alguém me disse que não há um rótulo ou título para uma pessoa que perdeu uma criança. *Viúva, viúvo* ou *órfão* não servem. Essa ausência é porque perder uma criança é tão repugnante, tão fora da ordem natural das coisas, que nem sequer pode ser nomeada? Será que não poderíamos encontrar alguma raiz grega ou latina que nos levasse a um termo para isso?

Não tenho certeza se rótulos iriam ajudar enquanto lutamos para compreender nossa identidade diante desse tipo de perda.

Eu me lembro de ter pensado sobre isso quando minha mãe morreu, porque, embora Margaret Whiston tivesse partido, não estava pronta para deixar de ser sua filha. Fico pensando se não foi por isso que fiquei na minha cidade natal e até mantive meu nome de solteira para aquelas situações, ao longo dos anos, não muito frequentes, porém significativas, em que as pessoas faziam a conexão e diziam: "Oh! Eu amava sua mãe!", compartilhando alguma memória no caixa do mercado ou no banco da igreja.

Nesses momentos, ainda era a filha de Margaret Whiston, e era muito bom ser reconhecida assim.

Hoje em dia, posso ser Anna, a escritora, a mãe, a irmã, a esposa, a amiga, mas ainda preciso ser conhecida também como "a mãe de Jack". Essa é uma perda secundária que não quero aceitar.

Durante o primeiro ano após a morte de Jack, algumas perdas apareceram de imediato; outras, depois de dias e semanas. Às vezes, eu me permito sentir o impacto coletivo de todas essas perdas, mas aí tenho que me conter novamente, porque é demais. Em vez disso, peço forças para atravessar esse momento e aguentar até a próxima vez na qual, talvez, a desacreditada esperança dê as caras.

Certo dia, estou num restaurante mexicano numa cidade vizinha com Margaret, Tim, meu pai, minha madrasta e outras pessoas. É um grande jantar. Até pedi cerveja em vez da minha costumeira água, presumindo que meu pai vá pagar a conta. No final da refeição, o garçom vem até a mesa e diz que a conta já foi paga.

Uma estranha, que provavelmente lê o meu blog, encontrou uma maneira de homenagear nosso passado e nosso presente, maneira essa que foi muito além de apenas pagar o jantar. Sua mensagem para o nosso garçom foi: "Diga a eles que é para a mãe de Jack".

TRINTA E NOVE

Temos dois chuveiros em casa. O nosso preferido é o do minúsculo banheiro principal. Nós quatro o usamos desde que as crianças aprenderam a tomar banho. Até Shadow toma banho com xampu lá.

O chuveiro tem uma pressão de água perfeita, forte, mas não tanto que provoque o pensamento "acabei de perder um mamilo pelo ralo abaixo". Superquente, sem chegar a ser escaldante. Liz até invoca o direito de irmã para usá-lo quando vem nos visitar.

Às vezes, quando estávamos com pressa, tentava convencer as crianças a usar o outro chuveiro perfeitamente funcional, e, de vez em quando, Margaret aceitava, mas Jack sempre recusava. O chuveiro das crianças era mais novo; o banheiro, mais claro e espaçoso, mas a pressão da água e o banho não se comparavam.

Não faz muito tempo, notei um vazamento do chuveiro bom no lavabo do andar de baixo. Agora, temos um teto rachado e um chuveiro que precisa de conserto. Mas não temos energia para lidar com isso.

Então nós três temos de usar o banheiro das crianças. Embora a princípio eu mal consiga conceber a ideia de usar o chuveiro pior em vez daquele a poucos passos da minha cama, sei que devo fazê-lo. Depois de várias semanas, a nova rotina matinal se torna apenas mais uma parte do meu dia.

Isso me faz pensar em Jack. Bem, tudo me leva a isso, não leva?

Nossa nova vida é uma pobre caricatura daquela que queríamos para nossa família. Seguimos em frente com dificuldade, num mundo que parece deformado, tentando nos adaptar e fazer o melhor possível com o que nos espera. Não significa que gostamos disso. Não quer dizer que não pensamos no que veio antes, muito, muito superior.

Mas agimos assim por necessidade e, pouco a pouco, nos acostumamos. Agora que os dias desde o acidente se transformaram em meses e em quase um ano, devo dizer que seria um pouco estranho ver Jack aparecer subitamente. Para nos contar, por exemplo, como foi a festa de sua formatura do ensino médio. Para convencer Margaret a brincar lá fora de novo.

Porque começamos a nos adaptar à sua ausência. Suponho que a gente se adapte a quase tudo.

QUARENTA

Os enlutados que encontrei conseguem viver em sociedade e, na maioria dos dias, essa vivência parece bem normal. Nós nos tornamos voluntários na igreja. Vamos ao teatro da escola. Fazemos compras. Vibramos ao lado do campo. Tentamos nos enturmar. Sorrimos. Parecemos normais. Precisamos que as pessoas se sintam à vontade e ajam com naturalidade perto de nós, para que não nos afastemos mais ainda do mundo. Não somos de outro planeta, mas parece que sim, devido às nossas experiências estarem tão distantes das dos outros.

Há um fluxo corrente e subterrâneo de perda, uma fissura em nosso cérebro, e nós, gradualmente, aprendemos a nos adaptar a isso, embora ele seja permanente. É como se nossa mente trabalhasse em duas trilhas. Uma é o aqui e agora. A segunda é a paralela, do que deveria ou poderia ter sido, mas não será. Muitos dias, consigo manter a segunda trilha escondida. Outros, nem a oração adianta para isso.

Como quando eu e Tim sentamos nas cadeiras de plástico no refeitório para ver a Margaret interpretar Lucia na peça da escola *O leão, a bruxa e o guarda-roupa*. Dois anos atrás, a última vez que a escola apresentou essa peça, Jack fez o papel de Edmundo, o irmão mais velho de Lúcia. Repassamos o roteiro com ele na mesa da cozinha para ajudá-lo a decorar. Eu sempre lia as linhas da bruxa, e Margaret, as de Lúcia, torcendo para que, quando chegasse sua vez, ela fizesse esse papel.

E agora ela faz. É uma Lúcia perfeita e totalmente convincente ao incomodar o irmão mais velho e depois procurar desesperadamente por ele quando ele desaparece. Estamos enormemente orgulhosos de seu talento, mas, assistindo à peça, me sinto atirada àquela segunda trilha do *deveria*.

Jack *deveria* estar aqui vendo Margaret. Eles *deveriam* ter tido a possibilidade de ensaiar juntos e comentar as coisas diferentes na peça deste ano. Ele *deveria* estar sentado no fundo do refeitório com os colegas de classe, os corpos em crescimento ocupando muito espaço nessas cadeiras frágeis, sob os olhares dos professores.

Na peça, quando Lúcia explora Nárnia, chamando por Edmundo, o simbolismo não passa despercebido para nós. E, quando o leão, Aslam, dá sua vida para salvar a de Edmundo, é claro que pensamos: Edmundo/Lúcia, Jack/Margaret.

Já estou chorando, mas choro mais ainda quando vejo o programa: "*Dedicado à memória de Jack Harris Donaldson, na figura de Aslam*".

É claro que sabíamos que essa peça seria difícil. Mas esse é apenas um exemplo de como as pessoas em luto vivem a vida em duas trilhas. Na maioria dos dias, conseguimos nos manter no nível do aqui e agora, mas, às vezes, a trilha paralela toma conta.

Nunca tinha imaginado fazer parte desse clube. No verão anterior ao acidente, ouvi falar de uma criança da nossa cidade que caiu do cavalo e morreu. Parecia tão bizarro! Tão trágico! Tentando me distanciar do terrível pensamento de que eu também poderia perder uma criança, rapidamente justifiquei a mim mesma: *Bem, pelo menos Jack e Margaret não andam de cavalo*. Menos de um ano depois, eu estaria sentada na cozinha daquele menino, conversando com sua mãe, por causa de nossa indesejada ligação.

Mas primeiro resisto. Não quero acreditar que Jack esteja morto. Não quero falar com outros pais que perderam filhos. E, com certeza, não quero ser um deles! Descobri isso quando Tim e eu fomos a um encontro de pais que vivenciavam o luto, algumas semanas após o acidente. Saímos de lá esgotados e deprimidos, determinados a nunca mais voltar.

Ainda estamos de luto, mas também estamos num estado em que nos sentimos ternamente confortados pelo Espírito de Deus. Procuramos esperança e significado na morte de Jack, e levamos tão a sério nosso ingênuo desejo de "ficar bem!" e "melhorar!" rapidamente pelo bem de Jack e pelo nosso, que o encontro parece um retrocesso. Ver pais ainda sofrendo profundamente, muitos anos após a morte dos filhos, nos dá uma ideia do desespero que não queremos ver. Com certeza estaremos nos sentindo melhor do que eles depois de cinco anos!

Agora entendo que o encontro mensal é um porto seguro. A dor e o desejo que as pessoas têm de contar suas histórias não significam que não estejam participando da sociedade, trabalhando e cuidando de suas famílias. Significa apenas que, na vivência do dia a dia e na adaptação de lidar com as duas trilhas de existência, a de vida e a de perda, aqueles encontros são um lugar onde podem falar abertamente sobre a trilha menos visível, mas também muito presente.

Cheguei a um ponto onde me dei conta de que preciso de espaço para a difícil tarefa do luto. Preciso pensar nas ideias em minha cabeça, trazê-las à tona e examiná-las, enquanto choro de saudade do menino que deveria estar comigo fisicamente, não só em espírito. O meu blog é um espaço para fazer isso e, às vezes, falar com outras mães enlutadas, tão alienígenas quanto eu.

Sentadas a uma mesa ao ar livre, comendo salada de *taco*, rindo e bebendo *margaritas* de uma daquelas máquinas, parecemos mulheres normais. Cinco mães suburbanas juntas num entardecer na Virgínia. A única razão pela qual nos conhecemos é nossos filhos estarem mortos. Jack morreu em um riacho. Owen caiu de um cavalo. Jacob teve um ataque epilético. Steve e Richie tiveram câncer. Estamos na casa de Linda agora, num terraço de onde vemos o quintal. O quintal onde um helicóptero pousou para levar seu filho ao hospital. Nós nos descobrimos através de terceiros, através de amigos de amigos: "Eu conheço uma mulher que...".

É nesse grupo que falamos sobre nossos filhos. Sentimo-nos menos estranhas, porque estamos todas na mesma situação. Jane diz que está menos tolerante com as tolices dos outros hoje em dia. "Pensei que me tornaria mais amorosa depois de perder Steve, mas, na verdade, fico de saco cheio mais facilmente que antes." Balançamos a cabeça em concordância. É difícil ouvir as aparentes pequenas preocupações dos outros quando enterramos nosso filho. Sheryl admite que, embora se sinta mal pelas pessoas que perderam filhos mais jovens do que o seu, que tinha doze, tem inveja das que tiveram filhos por mais um ano ou dois. Kate, cujo filho morreu aos dezenove, não fica ofendida. "Eu me sentiria do mesmo jeito. É difícil imaginar ter perdido Richie quando ele tinha doze." Concordamos em silêncio, todas desejando ter tido mais tempo. Mais alguns anos, horas, ou mesmo minutos.

Nós nos repetimos, contando os mínimos detalhes da morte de nossos filhos. Já não é legal fazer isso em outros círculos, mas, neste, podemos. Revisitamos aqueles momentos. Tentando achar algum sentido neles, espreitando os fatos, como se as sinapses de nosso cérebro fizessem hora extra. À medida que os meses passam, essa necessidade diminui considaravelmente, mas sabemos que podemos e iremos recontar as histórias aqui. Não porque as outras precisem ouvir mais uma vez que eu deixei as crianças brincarem na chuva naquela noite; que estive a um passo de salvar meu filho, mas porque posso precisar contar isso em voz alta de novo.

Não tenho certeza de como compartilhar os fragmentos doloridos e alquebrados de nossa vida possa nos ajudar, mas ajuda. Em vez de choramingar em desespero, esse grupo de mulheres arrasadas se anima mutuamente, determinadas a encontrar uma maneira de viver a vida que temos agora. E, compartilhando nossa perda, ganhamos, de alguma maneira. Esse é o mistério de uma comunidade de pessoas em luto.

QUARENTA E UM

Margaret e eu encontramos uma pasta amarela com várias páginas escritas por Jack quando ele tinha uns nove ou dez anos. As páginas são uma Tabela do Sonho que ele criou e preencheu por setenta dias. A primeira página tem uma chave com dois componentes — uma cor e um número — com os quais ele avaliava seus sonhos a cada manhã.

Verde = Engraçado
Azul = Feliz
Vermelho = Assustador
Roxo = Esquisito ou alguma outra coisa

Depois da cor vinha um escore completo:

1 = Terrível
2 = Ruim
3 = Ok (não ruim, médio)
4 = Bom
5 = Incrível :)

As próximas sete páginas, marcadas de "Jack 1" até "Jack 7", elencavam dez sonhos e as respectivas avaliações. Alguns exemplos:

Andaime: "Vermelho, 1" ou Assustador, Terrível
Manifestação divertida: "Azul, 5" ou Feliz, Incrível
Confinamento, giro e escorregão: "Verde, 5" ou Engraçado, Incrível
Abelha-mãe: "Vermelho, 1" ou Assustador, Terrível
Escola pública: "Vermelho, 4" ou Assustador, Bom

A Tabela do Sonho de Jack representa o que eu amo nele. Ela mostra perseverança, pois não consigo imaginar muitas coisas que voluntariamente eu manteria por setenta dias diretos. É estranho e criativo. E a maneira como Jack mantinha essa lista a cada dia, enquanto seus sonhos ainda estavam frescos, me faz lembrar o jeito que agia em casa: serena e metodicamente, sempre pensando.

Principalmente, ela me faz pensar em como às vezes os piores momentos podem estar relacionados aos melhores, como "Vermelho, 4" ou "Assustador, Bom". O sistema de avaliação de Jack me dá permissão para sentir duas coisas ao mesmo tempo e ver a vida de modo menos simplista do que antes. Ela parece dar abertura para as complexidades do luto.

Como o fato de ir à mercearia quase me matar, mas é lá que vejo a sra. Davidson, e ela me dá um pouco de esperança de que essa situação vai ficar mais fácil. Como o fato de estar em nossa casa trazer conforto, porque é a casa de Jack, mas doer tanto, a ponto de não ver mais como ser feliz morando aqui. Como a morte de Jack ter aproximado muitas pessoas de Deus e dos próprios filhos, mas ter nos deixado solitários e reféns de uma grande perda. Como me sentir desapontada com Deus e, ao mesmo tempo, me maravilhar com Seu cuidado comigo.

Perder Jack nos trouxe muita dor; contudo, mais conforto do que eu poderia imaginar. A morte rompeu alguns relacionamentos, mas nos trouxe outros melhores.

E, como meu filho nunca passou tanto tempo longe de mim, fora do alcance dos meus abraços, de alguma forma ele pode estar mais próximo de mim do que já esteve antes. Talvez eu só precise de um sistema de avaliação mais complexo.

QUARENTA E DOIS

Começamos a visitar uma igreja diferente. Nela não sentimos tanto a ausência de Jack, embora ela esteja localizada numa escola de ensino básico local, na mesma sala onde ele participou do encontro do Clube dos Escoteiros por cinco anos.

Fomos, primeiro, para apoiar o jovem pastor que nos visitou na noite da morte de Jack, e depois continuamos a frequentá-la. Preciso contar a ele a conversa que tive com minha pastora Linda três horas antes do acidente.

"Você sabia que tem uma nova igreja chegando a Vienna neste outono?", perguntei. Ela não sabia. "Bem, estava lendo o site deles durante o almoço, e sinto que de alguma maneira vamos nos unir a eles", continuei.

Estranho! Acho que pensei que talvez pudéssemos emprestar um espaço no nosso edifício para a igreja, ou quem sabe eu os ajudaria a encomendar material para as aulas da Escola Dominical deles. Percorrendo o refeitório da escola com o olhar agora, meses depois, percebo que estava enganada. Vejo dois amigos que devotaram a vida a Deus depois do acidente de Jack e começaram a trazer suas famílias para cá. Vejo a família com a qual íamos para a praia todos os verões, quando as crianças eram pequenas, e que entendem que pessoa tão preciosa perdemos ao estarmos sem Jack. Vejo seu professor de matemática, que lhe deu aulas apenas nos dois primeiros dias do ano escolar, mas que está ajudando seus colegas de aula a superarem o luto.

Vejo homens que colocaram capas de chuva e saíram escorregando na lama, pensando que certamente iriam encontrar Jack machucado, mas vivo. E há os casais que formaram pequenos grupos na nossa vizinhança, inicialmente para falar em Deus e na morte de um menino, mas que continuam a se encontrar e a se apoiar mutuamente semana após semana à medida que mais mortes ocorrem e diagnósticos de câncer abalam nossa pequena comunidade. Temos um vínculo com essa nova igreja, mas não da maneira que eu esperava.

Não sei se esse é o nosso lugar, mas estou receptiva a ele, mesmo que tenha orado na mesma igreja a vida inteira. Não estou preocupada. O que parecia ser uma enorme mudança mais parece um pingo em comparação com a perda de Jack.

E, estando aqui ou do outro lado da cidade, preciso da igreja. Não sou do tipo que vê Deus no mar, nas montanhas ou no amanhecer, embora desde que Jack morreu eu O encontre cada vez mais por aqui. Deus e eu temos a tendência de nos encontrarmos nesta comunidade, e, embora eu tema a sensação de exposição e vulnerabilidade que sinto ao entrar em Sua casa agora, não consigo me afastar.

Não tem nada a ver com obrigação ou religião. Preciso aparecer, sentar na dura cadeira de plástico e dizer: "Eu estou aqui, Senhor". Faço isso por mim. Canto quando consigo, mas não me obrigo a cantar se não estou com vontade. Às vezes, Margaret vai para as primeiras filas onde os gêmeos que ela conhece se sentam, e sinto mais liberdade para chorar do que no banco exposto da nossa igreja, onde minhas emoções continuam a embaraçá-la.

O pastor, Johnny, brinca com Tim, que ele conhece quando visitamos a igreja, porque parece que eles sempre têm programado o hino favorito de Jack e Margaret: *In Christ alone* ("Sozinho em Cristo"). Eles começam a música, ele olha a congregação e... bingo! Lá estamos nós secando os olhos e o nariz nas mangas da roupa, porque mesmo que chorar seja inevitável não é sempre que me lembro de levar lenços.

É um pouco estranho estar numa igreja diferente, mesmo que só às vezes, mas, se estamos aprendendo alguma coisa, é que a vida é estranha. Tomo a comunhão, mas não a sirvo mais. Não estou aqui como líder ou filantropa. Não recebo mais pessoas novas e tento deixá-las confortáveis, para se sentirem bem-vindas, como seria meu instinto. Porém, estou aqui para fazer parte desse lugar, para absorver e deixar as palavras de Deus caírem sobre minha cabeça. Absorvo a verdade de quem Ele é. Digo a Ele que estou aberta para receber bênçãos e conforto. Faço com que Ele se lembre de que confio Nele, embora Seus caminhos não sejam os meus e eu ainda esteja triste e magoada.

Não sei se vou falar no retiro das mulheres outra vez ou liderar estudos bíblicos. Não sei por quanto tempo vou trabalhar numa igreja. Minha fé pode estar mudando devido à morte do Jack, enquanto abro mão do que considerava *meu* trabalho e *meu* esforço de me aproximar de Deus e ser uma boa cristã, mas Deus não mudou. Tenho a impressão de que é uma temporada para eu descansar em Seu amor e apenas continuar a comparecer.

V

NADA É IMPOSSÍVEL

QUARENTA E TRÊS

Courtney e eu saímos para almoçar. Faz meses que não nos vemos. Seu bebê está sentado entre nós, abrindo a boca para comer pequenas porções de *guacamole*. Courtney diz que sente um Jack mais calmo e quieto ultimamente. Não gosto disso. Onde estão a exuberância, a reverência, o assombro? Será que seu medo se tornou realidade e agora ele está cansado do paraíso?

Quando ligo para Liz mais tarde, ela responde imediatamente com: "Para mim parece o Jack caseiro". Jack caseiro? É. A gente nunca sabia por que Jack era tão sério, quieto e focado em casa, e na escola tão brincalhão, chegando a deixar os professores irritados. Tim e eu ficávamos frustrados porque sabíamos o quanto ele podia ser aplicado; então, por que ele escolhia provocar os colegas e fazê-los rir nos piores momentos? Por que uma vez ele se levantou durante a aula de matemática e começou a tomar lanche? Quem faz esse tipo de coisa?

Mas então penso nos colegas de Jack que eram seus amigos mais chegados e imagino se essas coisas não teriam um propósito. Mesmo que pequeno. Para que, quando esses menininhos experimentassem a primeira grande perda de sua vida, pudessem olhar para trás, para Jack Donaldson, e se lembrar dele com risadas, a espécie de riso que faz seu estômago doer e as lágrimas escorrerem pelo rosto.

Sim, eles também se importariam com o menino quieto e obediente, mas teriam histórias para contar? Seriam capazes de dizer com confiança que realmente o conheciam e que ele fora uma grande parte da vida deles? Esse grupo de meninos estava junto desde os seis anos de idade, por isso tenho certeza de que se recordam de outras facetas de Jack também: artístico, esperto, chorão, humilde, facilmente frustrável, gentil. Mas acho que a lembrança mais marcante serão as risadas.

Talvez Liz esteja certa e Jack esteja mais assentado agora em sua nova casa.

"Sinto que ele está quieto e nos ouvindo", diz Courtney.

"O quê?"

"Você fala com Jack?"

"Não. Na verdade, não". Também nunca falei com minha mãe depois de sua morte. Quer dizer, o que eu poderia lhe dizer?

"Bem, parece que ele está escutando", continua ela.

Estou começando a entender as palavras ditas em funerais: "A morte dá fim a uma vida, não a um relacionamento. Fulano está mais vivo hoje do que nunca". Quantas vezes ouvi isso? Vinte? Cinquenta? Eu me dou conta de que nunca vivi como se acreditasse nisso. *Mais vivo?* Se puder acreditar nesse fato agora, talvez ele mude tudo.

Começo a falar com Jack. Quando dirijo por aí e vejo as fitas azuis que ainda tremulam nas caixas de correio e nas árvores, digo: "Eu te amo, Jack. Eu te amo, querido", às vezes em voz alta, outras na minha cabeça. É bom falar em silêncio. Tenho certeza de que ele sempre soube que eu o amava, que era louca por ele, de verdade, mas é bom dizer as palavras no presente. Porque meu amor não está no passado. No dia do acidente, falei arfando para ninguém em particular: "Mas eu o amava tanto!", sem poder acreditar que alguém tão amado pudesse partir. Agora me dou conta de que o *amo* muito. E que isso não vai mudar.

Começo a falar com ele enquanto corto a grama. Não digo muitas coisas; basicamente apenas: "Sinto muito, parceiro" e "Eu te amo". Costumávamos contratar pessoas para cortar a grama. Eu adorava voltar para casa e ver a grama recém-cortada e as folhas e sementes de bordo sendo "varridas" por aqueles aparelhos que lançam jatos de ar para fora da entrada da garagem por um eficiente grupo de trabalhadores.

Aí compramos uma nova máquina de cortar grama e cancelamos o trabalho dos rapazes porque, aos doze anos, Jack já tinha idade para fazer o trabalho. Seu peso ainda andava em torno dos trinta quilos no último verão de sua vida, mas tinha enfim chegado aos trinta e cinco na semana em que morreu. Ele abraçou o trabalho com alegria e adorou ganhar um dinheiro extra para comprar seus Legos.

Depois do acidente, eu e Tim cortamos a grama somente de vez em quando.

"Você lembra disso ser tão cansativo?", pergunto a Tim.

"Não. As raízes e as subidas! Nosso quintal é tão inclinado! Como ele fazia isso?", Tim se pergunta, balançando a cabeça.

Ficamos em silêncio. Nós dois sentimos remorso. Jack não tinha se queixado, por isso não sabíamos o desafio que devia ser nosso quintal para ele, por ser pequeno. Lembro-me de ele me perguntar se poderia terminar de cortar a grama enquanto eu estava no trabalho. "Não, é muito perigoso. Fique dentro de casa e espere até eu voltar." Imaginava que ele pudesse perder um dedo na lâmina, como meu amigo Patrick, ou que a passasse por cima do pé.

Agora, Tim e eu nos revezamos. Empurro a máquina por cima de raízes muito, muito altas, praguejando enquanto emprego toda a minha força. Passo por cima do canteiro do jardim, depois por um declive, e sinto a tensão quando a máquina se curva e ameaça me derrubar ladeira abaixo. Gemo de tanta força que faço enquanto passo pela grama alta. "Estou com saudades", digo, a voz abafada pelo barulho do cortador de grama. Fico imaginando como seria para ele, com a metade do meu tamanho, fazer esse trabalho. "Sinto muito, amigo", digo enquanto cruzo o quintal. "Eu não sabia." O meu relacionamento com Jack era baseado em muito amor e respeito, e tenho pouquíssimos arrependimentos. É como se nos conhecêssemos desde o início dos tempos e confiássemos um no outro explicitamente.

Sempre disse a Jack que ele era a pessoa mais forte que eu conhecia, mas me referia à sua força interna, moral. Agora penso que ele deveria ser muito mais forte fisicamente do que eu pensava. Ele não teve tempo de gastar o dinheiro do corte de grama, mas parecia gostar de ganhá-lo.

Estranhos pensamentos me vêm à cabeça enquanto trabalho, por exemplo, de como me senti feliz por não tê-lo deixado cortar a grama naquele dia em que não estava em casa, porque algo "ruim" poderia ter acontecido com ele. E então me dou conta de como é ridículo sentir esse alívio agora, quando algo realmente ruim aconteceu apenas algumas semanas depois. Muito pior do que perder um dedo.

E me dou conta, enquanto corto a grama e falo com Jack, de que, quando digo "Sinto muito, amigo" e "Eu não sabia", provavelmente não estou falando só de cortar a grama.

QUARENTA E QUATRO

O "miserável aniversário" de um ano do acidente de Jack está se aproximando, e uma sensação de desgraça cai sobre nós à medida que vivenciamos a chegada do verão. Não tivemos muitos dias bons? Não começamos a melhorar? O ar parece pesado e morno, como o do dia do acidente, mas é claro que não sabíamos o que ele prenunciava. Agora sabemos. Conhecemos mais dor e mágoa do que imaginávamos ser possível um ano atrás, quando eu, ingenuamente, me pegava desejando ser menos ocupada, perder quatro quilos e ter menos roupas para lavar. Consegui tudo isso, além de uma dolorosa apresentação a uma vida que não tinha imaginado.

Pergunto às minhas amigas do grupo de luto sobre a marca do primeiro ano. Elas se sentiam sensíveis e miseráveis como me sinto, com o manto da tristeza muito, mas muito mais pesado que nos últimos meses anteriores, onde havia certa esperança e indícios de cura? O consenso desencorajador é que frequentemente fica pior no segundo ano. Não pior do tipo "isso nunca vai melhorar", mas o segundo ano pode trazer sentimentos intensos que já pensávamos ter trabalhado durante o primeiro ano, tendo passado pela Ação de Graças, pelo Natal, Dia da Mães e mesmo o aniversário. A tristeza não é linear como eu pensava. Ouço em algum lugar que é mais uma espiral, que temos de voltar aos mesmos lugares, novamente e novamente, mas a cada vez nos erguemos um pouco para mais longe do fundo do poço.

Não vou me resignar ao fato de o segundo ano ser pior, mas não vou esperar me sentir curada só porque chegamos à marca de um ano.

Meu maior medo do segundo ano é deixar Jack para trás. Não vou ser capaz de dizer: "Há exatamente um ano estávamos na praia. Há um ano foi o amistoso de beisebol de Jack. Há um ano teve a peça teatral da escola. Nesta hora, no ano passado, estávamos no Walmart comprando material escolar...". O pó se assentará sobre as histórias da nossa família. O rosto de Jack permanecerá jovem nas fotos. Logo Margaret estará mais velha do que ele.

Assim, encaro as experiências das minhas amigas não como uma prescrição para minha própria reação a como será o *miserável aniversário*, mas como uma permissão para deixar ser como tiver que ser. Para não esperar que a passagem de um ano vá enlaçar o final de um ciclo.

Tim e eu estamos mais chorões. Nós nos esforçamos para tomar uma decisão sobre a placa no cemitério. Quando chegamos à loja, a mais ou menos um quilômetro e meio de casa, tinham esquecido que havíamos marcado hora e perdido toda a informação sobre Jack e sua morte que eu tinha dado por telefone em meio a lágrimas. Passaram-nos a um vendedor que era apenas um "substituto" e não sabia nada da nossa história. Tim e eu andamos por entre os modelos de lápides ao lado de uma estrada cheia de carros. Escolhemos algo bem rápido, e nos garantiram que seria entregue até a data de um ano da morte de Jack.

E, da mesma forma que nas outras datas significativas do último ano, descubro que a expectativa, o temor que fez todo o meu mês de agosto miserável, é pior que o próprio dia. Minha irmã e os filhos dela vieram para uma visita rápida. Vamos ao cemitério ver a placa, e é muito mais fácil ir lá com eles do que apenas nós três.

Liz prende a respiração quando vê as palavras esculpidas na pedra, a lista de lições que ela aprendeu com Jack. "Seja gentil. Preste atenção nas coisas. Reflita. Nunca desista. Brinque. Compartilhe a alegria dos outros." Há uma foto dele tirada no dia anterior ao acidente, com as palavras "Nosso pássaro raro" entalhadas perto dela. Sua cabeça está um pouco torta, inclinada num ângulo esquisito, e me dou conta de que é porque na foto original ele se inclina na direção de Margaret, apoiando sua cabeça na dela. Agora a foto está incompleta, e isso é bastante evidente. Atrás da placa está o verso bíblico de Jack: "Pois nada é impossível para Deus". O que isso significa para nós agora?

Depois do cemitério, vamos ao Taco Bell e nos sentamos no nosso reservado habitual. O humor está leve, e as três crianças riem e relembram coisas. Nossos filhos, que formam uma "escadinha" — Isaac, Caroline e Margaret —, estão encontrando uma maneira de interagir sem o segundo degrau: Jack.

As pessoas amarraram fitas azuis novas em toda a cidade para a data, meninos colocaram adesivos azuis em seus capacetes de futebol, e alguns dos amigos de Jack puseram fitas nos uniformes de beisebol para o primeiro jogo da temporada. Cada uma das fitas significa amor. Está um dia absurdamente lindo, com o início dos esportes de outono e um clima de expectativa no ar.

Até o aviso de tornado. O céu escurece, e vamos para o porão jogar jogos de tabuleiro e esperar o tempo melhorar. Fico impressionada com a rapidez com que o aviso chegou, quando há apenas um ano nos pegou de surpresa. O aviso foi cancelado tão rapidamente quanto começou, e passamos o resto do início da noite assistindo a um filme, eu já de pijama antes do entardecer.

Depois que o sol se pôs, minha irmã nos leva até a extensa entrada da garagem, mesmo eu estando de pijama. Nos dois lados da entrada brilham luminárias, sacos brancos de papel acesos com uma vela dentro. Cada saco tem uma mensagem sobre Jack de um amigo, um professor, um vizinho ou um treinador. Caminhamos ao longo da fileira e lemos cada uma delas. Que Jack é importante. Que ele não foi esquecido. É lindo e de tirar o fôlego!

Duas portas abaixo, nossos amigos nos esperam numa garagem aberta, a mesma garagem onde Jenn se sentou enquanto nossas crianças brincavam no balão de retorno naquele dia chuvoso. Esta noite há comida espalhada em cima de mesinhas, e as crianças correm ao redor. Foi aqui que eles vieram orar por nós e nos surpreender com as luminárias.

Nós lhes agradecemos o amor, o modo como escolheram conscientemente não esquecer, a maneira como se permitiram ser transformados por Jack. Eles escolheram ficar enlameados e molhados naquela primeira noite e durante todo o ano seguinte. Primeiro pela chuva e depois pelas lágrimas e pelo caos do luto, tanto nosso quanto deles. Esses relacionamentos e os amigos pelo mundo afora que nos deram apoio são, de alguma maneira, os ganhos secundários de termos perdido Jack.

Eles nos mostram as fotos que tinham tirado antes com seus celulares. Como se reuniram na mesma hora do acidente de um ano atrás, depois que o alerta do tornado passou. Jantaram juntos e encheram os sacos com areia, lendo cada uma das adoráveis mensagens antes de colocá-los na entrada da nossa garagem E, ao pôr do sol, sobre o riacho, brilhava um céu intenso com matizes de rosa, roxo e azul. Na direção contrária, bem em cima da nossa casa, no topo da colina, enquanto estávamos sentados dentro da garagem, apareceu um cintilante arco-íris duplo. Eram oito horas da noite, um ano do momento em que o corpo de Jack foi encontrado.

Quando Jack tinha seis anos, certo dia, estacionamos na entrada e ele disse: "Acho que talvez eu queira ser um missionário, mas acho que sou muito tímido".

Margaret retrucou: "Eu não quero nunca ser uma missionária. Elas se vestem de um jeito horrível!".

Tendo participado de muitas viagens missionárias, sabia que ela tinha razão — os trajes não eram grande coisa. Disse a Jack que há várias maneiras de ser missionário, mesmo sendo tímido.

Fico imaginando, pela maneira como ele ainda toca a vida das pessoas, mesmo um ano após a morte, se Jack não se tornou missionário sem precisar dizer uma única palavra.

QUARENTA E CINCO

Margaret teve um dia muito ruim. Seu nível de energia, assim como o meu, ainda está baixo. Ela precisa começar a trabalhar num projeto para a escola. Depois de quarenta dólares em materiais da loja de artes, ela está pronta para dar início a ele. Molda montanhas de argila no balcão da cozinha. Eu passo por ali e comento: "Talvez você devesse fazer as montanhas um pouco mais altas, para que pareçam maiores que as árvores".

Gemidos, choramingos, repreensão. Estraguei o projeto em que ela trabalhou tanto (por onze minutos) e muito possivelmente arruinei sua vida. Volto para o computador. Minutos depois, ela passa segurando nas mãos uma tigela de sessenta e nove *cents* comprada em uma loja de artigos baratos. Dirige-se à porta dos fundos e diz: "Vou atirar isso numa árvore".

Uma das minhas lembranças favoritas da infância era o Dia das Tigelas. Tinha contado isso para Margaret e Jack diversas vezes. Certa tarde, John, Liz e eu estávamos brigando tanto que minha mãe perdeu a paciência. Foi até a cozinha e voltou com três tigelas. Tigelas de cereal de porcelana genuína do nosso armário. Calmamente, deu uma para cada um de nós e disse: "Não entrem em casa antes de ter quebrado sua tigela."

Olhamos para ela como se enfim tivéssemos sido bem-sucedidos em nosso plano de enlouquecê-la. Ela já estava à beira da insanidade antes, com as brigas incessantes dentro do carro, durante o jantar e o dever de casa, e quanto todas essas discussões e uma casa velha e fria haviam se tornado demais para ela.

Eu não queria quebrar minha tigela. Parecia tão... ruim. Liz mal podia esperar para descarregar sua agressividade na dela, e não dei a mínima ao que meu irmão mais velho pensava — talvez pensasse que estava preso numa casa cheia de mulheres loucas.

Saímos para quebrar as tigelas. Nossa entrada era de cascalho; então, não adiantava só deixá-las cair no chão. Por isso as atiramos contra as árvores. Não tenho ideia de qual era o motivo da briga, mas logo paramos, rindo de como eram fortes as nossas estúpidas tigelas e imaginando se nossa mãe nos deixaria entrar em casa de novo. Será que ela tinha trancado a porta? O Dia das Tigelas vive em nossa mente como exemplo de maternidade criativa e conciliadora.

E agora, décadas depois, de saco cheio de mim, da vida, e sem o irmão para brigar, Margaret, de queixo erguido, está pronta para quebrar uma tigela. Olho para ela, tomando o cuidado de não sorrir nem franzir o cenho. Permaneço neutra, fitando seus pés descalços, e digo: "Não se esqueça de botar um calçado".

Tenho a escrita para ajudar a extravasar minhas emoções. Tim tem as corridas e os grupos de estudo bíblico. Margaret também precisa de um escape. Estou orgulhosa dela por ter consciência de que está brava e procurou uma maneira de lidar com isso. Por abrir a porta do armário e pegar uma tigela. E além do mais por ter escolhido uma barata! Ela pode ainda não ser capaz de pôr em palavras o que sente, mas, em vez de gritar comigo, está descobrindo uma maneira construtiva de se expressar.

Ela volta cinco minutos depois, o rosto vermelho de tanto chorar.

Não havia jeito de a porcaria da tigela quebrar.

QUARENTA E SEIS

Paro o carro ao lado do chalé emprestado por amigos para uma viagem solitária de três dias. Quanto mais me afasto da autoestrada e do congestionamento, mais fácil fica respirar, e sinto-me relaxada. Ultimamente tenho me sentido sobrecarregada pelo simples fato de ter que viver e tomar decisões para a família.

A ideia desse afastamento é para que eu tenha mais tempo para escrever e dar a Tim e a Margaret um tempo longe da minha presença. Estou nervosa por estar perto de um rio. Não sei o que esperar e estou um pouco traumatizada em ficar perto da água desde a morte de Jack. Nossa família gostava de ficar ao ar livre, e fizemos muitas trilhas perto de riachos, mas, se *esse* rio for parecido com um riacho, não sei se vou suportar.

Depois de entrar no chalé, olho a paisagem pela janela dos fundos. Água bela e calma até onde posso ver. Um gramado verde avança até a pequena praia, de mais ou menos trezentos metros de largura, e o rio Potomac bate em silêncio na areia. Não há nenhum bosque, nem cachoeira nem declives. Mais parece o mar, e não fico com medo.

Tiro os sapatos e caminho pela grama, onde sou recebida por um filhote de labrador caramelo. Quando ergo os olhos, vejo um homem um pouco mais velho que eu, sentado num banco de metal, fumando um charuto. Faço um carinho no cachorro e depois vou ao encontro do homem que vive na cidade, mas vem para o chalé todas as tardes para relaxar.

Se fosse um filme de terror, diria que estou sozinha aqui para escrever um livro, e então ele voltaria algumas horas depois com o sorriso maníaco de Jack Nicholson para acabar comigo.

Se fosse um livro de Nicholas Sparks, o cachorro, sentindo o cheiro de Shadow em mim, ficaria indo e vindo do seu gramado ao meu, até que o homem me convidasse para uma cerveja e, aí, bem... você já sabe. Descobriríamos que sua mulher o tinha abandonado e que eu era uma viúva recente (desculpa, Tim!), e o poder curativo do rio e a família de águias sobrevoando a área nos uniriam.

Mas isso não é um filme de terror nem um romance; por isso, entro em casa e assisto à TV, pensando se sou boa e forte o suficiente para escrever um livro. Se devo abrir a caixa fechada de pastilhas de menta dos meus amigos. Se as palavras *Para compartilhar* no meu pacote de M&M representa uma ordem ou apenas uma sugestão. Adormeço no sofá.

Escrevo sem parar no dia seguinte e no outro, e fantasio sobre nossa família comprar uma casa como esta para passarmos Natais tranquilos ou pegar caranguejos no verão. Percebo que estou fazendo planos para apenas três de nós, sem contar Jack. Será que seria bom ou calmo demais para Margaret? Teríamos de sempre convidar amigos para vir junto? Não sei.

Não sei se alguma dessas coisas funcionaria, nosso futuro com uma casa de campo ficcional, mas, nesse breve momento, nesse lugar, não é tão ruim considerar essa ideia.

QUARENTA E SETE

Não sei dizer quando começo a me sentir melhor. Talvez quando um pote de sorvete tamanho família — concha após concha cheia que eu usava para servir as crianças, tentando engordá-las — volta a ser saboroso. Talvez o jantar com amigos ao qual eu não precise mais me obrigar a ir, e no qual as conversas banais não me fazem querer gritar palavrões. Ou talvez esperar com ansiedade pela nova temporada de nossas séries de TV favoritas, quando há apenas alguns meses tudo a que assistíamos ou fazíamos parecia intolerável e desnecessário, e qualquer plano em que pensássemos era apenas mais uma maneira sem sentido de se ocupar por algumas horas. Mas começo a me sentir melhor. Vislumbres de luz e leveza passam a permear os meus dias. Acho que posso dizer que começo a me sentir menos abalada.

Consigo ir ao mercado e pensar em maçãs. Ainda penso em Jack comendo seu último pedaço de maçã com manteiga de amendoim enquanto conto as maçãs e as coloco na sacola, mas a memória flutua na minha mente e não me paralisa mais. Posso dar uma volta pela cidade sem me ver exposta e vulnerável. Posso pensar em fazer planos sem sentir que estou traindo Jack.

Um dia, enquanto carrego latas de tinta *spray* que estavam no porão, Margaret, no banco da cozinha, me vê, e seus olhos se iluminam. "Vai pintar alguma coisa? Você recuperou sua magia?" Fico surpresa em ver a empolgação dela por ter um lampejo da minha velha identidade, embora eu só esteja limpando o porão.

Ela quer que eu me ocupe com coisas com as quais me ocupava antes, quer que pelo menos uma coisa volte ao que era antes. Minha nova versão, que abre o coração na internet e compartilha chás e lágrimas com outras mães que perderam filhos, não a impressiona. Acho que ela se pergunta se cada nova pessoa que eu conheço perdeu uma criança. Margaret quer que eu pegue mobília na beira da estrada novamente, que pense em voz alta se devo lixar antes ou só pintar. Digo que não vou pintar nada, e sua expressão murcha, mas percebo dentro de mim que não seria tão absurdo pegar meus paninhos de limpeza novamente.

Fico imaginando se tudo isso se deve ao fato de estar me acostumando com Jack morto, assim como a gente se acostuma com a perda de um membro e nos ajustamos com o pior chuveiro antes de enfim decidir consertar o outro. Ou seria aceitação? Não tenho certeza. Mas começo a me sentir melhor. Mais esperançosa, não pela promessa do céu algum dia, mas pela vida de hoje. Não estou fazendo nada diferente de alguns meses atrás — continuo indo ao trabalho, cuidando de Margaret, escrevendo, me reunindo com amigos —, mas tudo se torna menos horrível.

Há poucos meses, estava na autoestrada com Jenn quando ela quase bateu num carro na outra pista. Por alguns segundos, tive a impressão de que ia acabar sentada no banco do motorista do outro carro. Jenn se desculpou por quase nos matar, e eu respondi: "Por favor. Acha mesmo que eu me importo com isso a essa altura?" Não sei o que mudou nos meses que sucederam a esse fato, mas já não quero morrer; pelo menos, ainda não.

QUARENTA E OITO

Tim e eu entramos no carro e saímos do estacionamento. Margaret já está no acampamento, que fica a algumas horas daqui, com a família da minha irmã. A viagem começa muito diferente daquelas do passado: silêncio, sem crianças no carro, somente dois adultos se perguntando o que ainda é importante para ambos.

Naquelas outras viagens, rezava em voz alta enquanto ainda estávamos parados. "Por favor, Deus, proteja nossa família e abençoe nosso tempo juntos." Sairíamos para a rua, e, logo depois de fazermos a primeira curva, Tim bateria na testa, depois no bolso da camisa, e retornaríamos para pegar seus óculos que tinham ficado perto dos controles remotos da TV. As crianças e eu riríamos. O ritmo daquelas viagens era previsível. Agora, poucas coisas o são.

Penso na mãe da menina assassinada no livro *Um olhar do paraíso*, que fugiu. Ela abandonou a família e foi para o oeste trabalhar num vinhedo. Não apoio sua decisão, embora possa entender por que ela fez isso. Parece tentador, quando Tim e eu começamos nossa viagem. Mas sou mais do tipo que persiste, filtra e classifica do que alguém que foge. Normalmente.

Podíamos ter pulado nossa viagem anual ao acampamento, mas queríamos realmente tentar. A tensão que pairou entre nós enquanto fazíamos as malas, que na verdade era a ansiedade pelo fato de fazer a viagem, desapareceu quando chegamos à tortuosa estrada da montanha e estacionamos. Um grupo de adolescentes bronzeados, entre eles o primo favorito de Jack, Isaac, joga uma bola de longe e enterra as mãos dentro de um enorme barril de plástico com bolinhas de queijo. Jack adorava aquele miserável barril de bolas de queijo.

Margaret e o resto da turma estão prestes a descer o rio em boias. Não a vejo há quase uma semana, pois está visitando minha irmã, e digo a ela que também vou, embora esteja nervosa.

Margaret e seu primo saem antes de mim na companhia de adolescentes e adultos, levados rio abaixo pela correnteza suave. Tanta coisa para aproveitar! Antes que eu perceba, divido uma jangada com três crianças pequenas e tagarelas que conhecemos há anos, mas que só vemos nessas viagens.

Assim que começarmos a descer o rio, não haverá escapatória pelas próximas duas horas; vamos flutuar aonde o rio nos levar. Sem possibilidade de fuga. Nossa primeira viagem de acampamento sem Jack, em nosso velho e conhecido acampamento, flutuando em um rio de ÁGUA e sendo responsável por manter três crianças vivas. É muita coisa.

De certa forma, não poderia ser melhor. Preciso manter o foco nas crianças, por isso estou menos centrada na falta de Jack e em todas as nossas memórias desse lugar. Além disso, crianças pequenas não têm autocensura; portanto, a nossa conversa vai desde as alegrias de fazer xixi em um rio até "Eu sinto tanto que Jack morreu"; "Sentimos falta de Jack"; "O que aconteceu de verdade com Jack?"; "O corpo continua crescendo depois de enterrado na terra?".

Explico que o corpo de Jack foi cremado, o que significa que foi queimado, e não enterrado. "Odiaria ter que assistir a isso", diz um dos meus amiguinhos, e concordo com ele. Falamos um pouco sobre Deus e muito sobre os colegas da escola e aranhas. É tão bom explicitar tudo isso! Quantas vezes quis dizer para alguém: "Sinto tanto por fulano ter morrido!", mas me contive por não ter certeza de aquele ser um momento oportuno?

No barco, devo ser o adulto responsável, a líder de torcida, a presença motivadora, e não apenas um ser desolador, e isso parece certo. Uma enorme águia desce rapidamente e plana bem sobre nós, em seguida subindo o rio. Gritamos e aplaudimos. A natureza é bela. Sim, é perigosa e imprevisível, mas também é agradável.

Em determinado momento, nosso barco emperra em um tronco de árvore. Isso nunca me aconteceu. Não consigo sair dali por um tempo e começo a ficar com medo. Esse rio largo e tranquilo não se parece em nada com o riacho furioso que levou a vida de Jack. Nada. Mas continuo com medo.

Começa a chover. Ótimo. Decidimos que estamos com frio, cansados, assustados, famintos, e que todos precisam fazer xixi. Durante o tempo que ficamos presos, conforme a água corria ao meu redor e eu fiquei em pé em pedras escorregadias, tentando soltar a jangada, digo às crianças que esse seria um grande momento para todos nós fazermos xixi; assim, fazemos e rimos, batendo os dentes, os lábios ficando azuis.

Alguns minutos depois, estamos em segurança em terra firme novamente, prontos para fogueiras, comida frita e milhões de vaga-lumes. Alguns meses antes, essa viagem teria sido impossível. Agora é difícil, mas realizável.

Esse verão nos vimos tentando tomar decisões sobre o futuro de nossa família. Foi um misto de discernimento sobre quando devíamos revisitar as tradições do passado e sobre quando devíamos sair correndo. Percebemos que não existe nenhum caminho certo.

E estou feliz por termos escolhido acampar.

QUARENTA E NOVE

Carregamos caixas e mais caixas de Legos para o carro do meu amigo, tentando não quebrar as construções, as criaturas e os veículos que Jack confeccionara. Está chovendo, é claro, pois por que não estaria, se estou mexendo nas coisas do meu filho morto para que possamos colocar a casa à venda? É um trabalho miserável, mas sagrado.

Adoro a nossa casa. Não é nada luxuosa, mas as lembranças aqui são afetivas e preciosas para mim. Estou bastante surpresa por estar nessa situação, mesmo depois de tudo o que aconteceu. Gosto de fazer florir o ambiente onde estou plantada, de viver na minha cidade natal, de ter ensinado na minha antiga escola, antes de as crianças nascerem, e mesmo de trabalhar ali perto, na igreja, onde cresci. Depois que minha mãe morreu, passei dez anos no meio de suas coisas, até que meu pai vendeu a casa.

Havia um grande conforto em perambular pelas salas, tocando o que as mãos dela tocaram, beijando suas fotografias, roçando meu rosto contra suas roupas no armário. Dediquei meu tempo separando e doando, e isso parecia o certo para mim.

Tenho certeza de que muitas pessoas acharam, logo após o acidente de Jack, que nos mudaríamos. Como poderíamos continuar morando nessa rua? Passando pela casa onde tudo aconteceu? Dirigindo por cima do riacho todos os dias? Vendo todas as crianças do bairro brincando? Tentando forjar uma nova vida quando o quarto de Jack continuava vazio no fim do corredor?

Provavelmente não conseguiam visualizar a nossa permanência, enquanto eu não conseguia nos imaginar saindo da casa. Uma mudança parecia ser a pior opção possível, tornando nossa vida ainda mais cruel e injusta. Jack era caseiro, e a ideia de sair do lugar dele, do nosso lugar, provocava um nó no meu estômago.

Claro que podemos levar suas coisas com a gente para qualquer lugar, mas, quando seus tesouros são movidos, não mais dispostos por suas mãos cuidadosas, não deixarão de ter significado? Consigo rever conversas e lembranças em cada quarto da casa. Consigo ouvir a voz dele. Sair dali seria mais uma derrota, e já não tínhamos atingido nossa cota, afinal?

Assim, por quase dois anos, fomos ficando. Estou confortavelmente sentada no banco de Jack no balcão do café da manhã. Esparramada em sua cama de solteiro, tentando lembrar qual era a sensação de ter o meu braço em volta dele, com sua mão apoiada no meu braço, meu rosto em seus cabelos. Folheio os livros que ele estava lendo. Permito-me sentir a dor enquanto seu calendário de parede dos Yankees continua em setembro de 2011. Admiro seus projetos de construção que permanecem inacabados e interrompidos, como a sua história. Cheiro suas roupas, mais uma vez, e rezo para que seu perfume, de alguma forma, permaneça.

Quando deixarmos esta casa, deixaremos para trás o fio que balança na maçaneta do nosso quarto, com o qual tentamos retirar um dos dentes soltos de Margaret. Não deu certo, mas ainda me lembro de seus gritos e da risada de Jack. Vamos deixar os gráficos de crescimento marcados e as impressões de mãos das crianças em tinta verde na parede do porão inacabado. Vamos deixar a varanda envidraçada onde fizemos exercícios de matemática e lemos livros, e também a despensa, onde Jack e Margaret se espremiam na prateleira de cima para me "surpreender" quando eu entrasse na cozinha, as risadas revelando a presença deles.

Acho que vamos ter que jogar fora a pasta de dentes dele, a escova de dente e as barras de Crunch não consumidas que a mãe de um colega lhe deu no primeiro dia de escola. E o que vamos fazer com seu aparelho ortodôntico de contenção? Agora essas coisas podem ficar exatamente onde ele as deixou, mas embalar tudo isso e levar para outro lugar não é ridículo? Não quero ter que tomar essas decisões.

Estou com medo de que, se deixarmos esta casa, de alguma forma, deixaremos Jack para trás. Não quero fugir das minhas memórias desta casa, deste amor, porque as belas superam as dolorosas. Além disso, eu me pergunto se a mudança não será o Marco que enfim nos separará.

Mas sei que não estou mais florescendo aqui. Quando as crianças eram pequenas, perguntei a Jack qual seria meu superpoder se eu tivesse um. Ele respondeu: "Ir ao banheiro o tempo todo!" Ele conhecia bem a minha bexiga. Mas considero meus dois maiores dons, que não vêm de nenhuma força minha ou qualquer coisa especial que eu tenha feito, uma boa saúde mental e a capacidade de ser verdadeira e receptiva com as pessoas.

Ficar aqui coloca em risco essas duas coisas. Penso na imagem que Jack mostrou a Courtney logo após o acidente, eu olhando pela janela, sem me sentir confortável dentro ou fora de casa. Como foi precisa! Jack mostrou a ela que ele me ajudava, e acredito que continue fazendo isso; porém, ficar aqui tornou-se quase insuportável. Mas a ideia de ir embora também o é. Achei que, se eu aguentasse o tranco no primeiro ano, ficaria mais fácil viver na rua onde aconteceu o acidente. Mas não ficou. Vejo-me ansiosa e desanimada, e me pergunto se posso continuar com a dor e ainda manter a sanidade. Se posso sentir tudo isso desgastando também Tim e Margaret, embora a luta deles não seja tão visível quanto a minha.

Assim, Tim e eu tomamos essa dolorosa decisão. Vamos nos mudar. Sair de nossa casa é mais uma perda, e isso me deixa com uma raiva doentia. Mas realmente acredito que será melhor para nós três. Margaret está totalmente contrariada. Ela nunca conheceu outro lar. Suas memórias de Jack estão ligadas a cada árvore, cada digital de mão, cada cômodo.

Depois de tomar a decisão inicial de mudarmos, devo começar a examinar mais de dez anos de vida em família. Certo dia, Margaret entra no quarto de Jack enquanto estou no chão, separando seus trabalhos escolares e projetos. Fico grata por ele ter sido alguém que guarda as coisas, porque há muitos vislumbres dele aqui. Fico impressionada com algumas das frases criativas nas quais pensou para dar uma animada nos exercícios chatos de gramática. Se eu as tivesse visto na época, teria ficado aborrecida, mas agora é como ouvir Jack de novo.

Gosto do jeito que ele usou todas as categorias gramaticais para difamar os escritores de seu livro de exercícios e as inúteis e repetitivas atribuições que distribuíam. Margaret se inclina, e leio algumas das frases engraçadas para ela. Eu me pergunto se ela pode ouvir a voz dele em sua cabeça enquanto faço isso. Ela sorri e diz: "Isso me faz sentir falta dele ainda mais".

Eu também.

Entrego a ela um cartão de presente da Target que encontrei entre as coisas dele, um dos muitos que Jack tinha guardado de aniversários ou Natais. "Aqui. Isto é para você. Vamos às compras." Estendo a mão, e ela me ajuda a levantar. Saímos e, em uma hora, ela escolheu um vestido poá azul-marinho e um esmalte bem caro.

Não é algo insignificante ela gastar o cartão de presente de Jack dessa forma, em algo muito Margaret e completamente nada Jack. Levou muitos meses para que ela chegasse a esse ponto. Margaret está em alerta, protegendo o quarto e os pertences dele. Já mudei as coisas de lugar? Importunei as minifiguras de Lego em cima do armário? Joguei alguma coisa fora? Por algumas semanas, abro uma mesa dobrável e meu computador no quarto dele, na esperança de obter inspiração para escrever. Ela não gosta dos meus papéis espalhados pela cama.

Lembro-me do que Courtney me disse, que Jack diz que Margaret "tem direitos sobre o meu quarto", que não precisa ser um "santuário". Ele devia saber a importância, quase divina, do quarto para ela, com todos os tesouros dele alinhados cuidadosamente nas prateleiras, cada cena de Lego disposta em um painel preciso. Jack estava lhe dando permissão para se desapegar.

Não nos apressamos, mas Margaret começa a ver que o que é dele é dela, e que ela não pode tomar nenhuma decisão errada sobre nada que há ali. Jack, tão cuidadoso com seu quarto, seu dinheiro e seus pertences, não precisa mais deles. Então, vamos às compras, e ele lhe dá de presente um vestido novo.

Embora Tim diga que quer se mudar, faz corpo mole. Os meses passam. Ele está ocupado demais para fazer pequenos reparos. Está com medo de vender nossa casa antes de termos outro lugar para ir, mas não podemos nos dar ao luxo de primeiro comprar uma nova. Essa incerteza é difícil para ele, e fico tentada a desistir. Talvez possamos esperar até que tenhamos mais tempo, mais dinheiro e mais energia para essa tarefa. Mas, como estou esperançosa de que a mudança vai ajudar a todos nós, avanço com a limpeza, os consertos e o acondicionamento, dispensando uma força que não tenho certeza de que eu possua.

Por isso, nesta quinta-feira chuvosa, o último dia de aula de Margaret antes do verão, termino de embalar as coisas do quarto de Jack para que ela não me veja fazendo isso. Mais tarde, ela vai me perguntar se tirei fotos de todas as prateleiras, de cada detalhe que Jack havia planejado e disposto. Graças a Deus, fiz isso.

Entrego as caixas de Lego para o amigo de Jack, Cortland, que irá cuidar deles até a nossa casa ser vendida e encontrarmos outro lugar para morar. Tento esconder de Cortland que estou chorando, mas o nariz e os olhos vermelhos me entregam. Ele pergunta se pode ficar com a cesta de basquete de Jack, e eu digo: "Claro, não precisamos mais dela!" Sua mãe parece envergonhada por ele me pedir, mas adoro isso. Quero que ele tenha algo de Jack.

Fico impressionada com o desenvolvimento de Cortland; ele parece mais um homem que o menino que Jack conhecia. Olho para os tênis verde-néon e suspiro. Seus pés são enormes. Que contraste com os tênis pequenos de camurça preta de Jack, que ficam ao lado da porta desta sala. Comprei-os antes do início das aulas, mas ele nunca teve a oportunidade de usá-los.

Eles são a última coisa que empacoto.

CINQUENTA

Estava ansiosa para Jack se tornar adolescente. Fui professora do ensino médio por anos antes de as crianças nascerem, e Jack já me fazia lembrar dos meninos adoravelmente desajeitados que paravam ao lado da minha mesa, com a intenção de me contar fatos estranhos antes de a aula começar. Contavam piadas de *nerds*, que não eram entendidas pelas crianças mais populares, mas que sempre me faziam rir.

Quando Jack estava no sexto ano, descobriu um dia que era aniversário de sua professora de ciências. Eles tinham falado sobre os diferentes tipos de rocha em sala de aula; por isso, quando voltou do intervalo, orgulhosamente presenteou-a com uma pedra que tinha encontrado lá fora, chamando a amostra de "Rocha Comum". Ela a levou para casa e colocou-a na lareira. Estou em dúvida sobre se Jack teria se tornado o completo *geek* que eu esperava, mas, ora, uma mãe pode sonhar.

Quando ele estava com onze anos, já tinha uma ideia sobre o nosso garotinho, por enquanto de baixa estatura. Embora tenha ansiado por sua adolescência, previ que sentiria falta das vezes que ele gostava de se aconchegar e confidenciar tudo para mim. Estava na época do acampamento de verão; por isso, ele e eu fizemos a viagem de quatro horas de carro para a Pensilvânia ouvindo um audiolivro. Paramos no Taco Bell para o almoço e, pouco mais tarde, entramos no estacionamento do acampamento.

Alguma coisa estava errada. Onde estavam os conselheiros com seus estranhos chapéus e assustadores e largos sorrisos? Onde estavam os outros carros? Jack e eu saímos do carro e olhamos ao redor. O acampamento estava completamente vazio. Meu rosto adquiriu um ar de desapontamento. "Oh, não!", disse. "Acho que o acampamento começa amanhã!"

Em vez de me culpar por minha trapalhada, Jack apenas sorriu e esperou para ver o que faríamos. Liguei para casa, para contar a Tim que passaríamos a noite na Pensilvânia. Não havia como Jack e eu viajarmos por mais quatro horas para casa, só para fazer tudo de novo no dia seguinte. Então, caminhamos pela cidadezinha. Entramos em lojas de antiguidades. "Este é um bom treino para você quando for se casar", disse eu, e ele me deu aquele já conhecido sorriso envergonhado.

Fomos para a pequena loja de brinquedos, e ele se sentou e brincou com quebra-cabeças e jogos de lógica, enquanto eu observava. Foi uma sensação maravilhosa não apressá-lo, e, quando ele inclinou a cabeça sobre os quebra-cabeças, lembrei-me dele quando era menino e os inúmeros dias sem horários que passamos juntos antes que a vida ficasse atarefada, e nós, distraídos. Entramos em uma farmácia e compramos lanches e escovas de dente. Em seguida, fomos para um motel em uma cidade vizinha.

Quando estávamos prestes a sair do carro, começou uma chuva torrencial. Esperamos antes de sair, ouvindo o audiolivro; depois, passamos o resto da tarde sob as cobertas em nossas camas confortáveis, assistindo à Copa do Mundo na TV. Naquela noite, saímos para um agradável jantar. No dia seguinte, dormimos, algo que nunca poderíamos ter feito se partilhássemos os quartos de hotel com os nossos madrugadores, Margaret e Tim.

O acampamento não começaria até o final da tarde; então, fomos ver a Casa da Cascata de Frank Lloyd Wright, situada bem dentro da floresta. Jack sempre quis conhecê-la, porque ser arquiteto estava em sua breve lista de carreiras. Não comprei ingressos para ver o interior da casa; assim, percorremos os caminhos e ficamos no terraço, ouvindo as visitas guiadas das outras pessoas e tirando fotos.

Mesmo naquela época sabia que o nosso refúgio não planejado fora significativo. Em vez de me martirizar pelo meu erro ou me preocupar por estar com a mesma roupa de baixo por dois dias seguidos, consegui apenas curtir meu tempo com Jack. Chamei isso de nosso "tempo de bônus". Na loja de presentes, compramos um livro para Margaret. Estava tentada a comprar para Jack a caixa do Lego da Casa da Cascata, algo que sabia que ele iria adorar, mas não o fiz.

Existe certo arrependimento por não ter comprado o Lego, nem as entradas mais caras, mas, sobretudo, existe gratidão. Sou grata pelo presente desse tempo com ele e posso sempre me lembrar disso quando o fardo do acidente, a cascata que o tirou de nós, for intenso demais.

Posso dizer-lhe: "Eu te amo, Jack, e adorei o meu tempo com você". Sinto falta dele, e sempre sentirei, até que estejamos juntos em um lugar muito melhor do que este, construído pelo maior Arquiteto de todos.

EPÍLOGO

CORAÇÕES PLENOS

Nossa nova casa fica a poucos quilômetros da estrada. Em um mercado imobiliário aquecido encontramos apenas uma casa à venda dentro do nosso orçamento e nos dedicamos a comprá-la. Estávamos decididos a deixar Margaret instalada antes de o ensino médio começar, e conseguimos nos mudar com apenas alguns dias de folga. O térreo é quase exatamente como o antigo, o que acabou sendo mais reconfortante do que desconcertante.

A mesa redonda se encaixa bem debaixo da janela da cozinha. Meu escritório também é no mesmo lugar; assim, escrevi este livro em um cenário quase idêntico ao que usei para escrever durante todos esses anos. Ainda não descobrimos onde colocar os Legos de Jack; por isso, estão empilhados em fileiras de caixas de papelão, à espera do nosso próximo passo. Suas roupas estão no armário do quarto de hóspedes. Não estou pronta ainda, mas talvez um dia vamos transformá-las em uma colcha para nos manter aquecidos, enquanto assistimos à TV.

Estava com medo de que, ao deixar a outra casa, perderia mais um pouco de Jack, mas não parece ter sido assim. Há uma sensação de leveza e alívio em meus dias. Acho que, quando você é forçado a largar o que lhe é mais precioso, fica um pouco mais fácil abrir mão de outras coisas, como uma casa. Ou meu celular, que quebrou no dia da mudança. Não queria substituí-lo, por causa do conforto que nos trouxe na noite em que Jack morreu e em várias outras vezes, mas não era um aparelho tão especial assim, afinal; especial era a mensagem de que nada poderia nos separar do amor de Deus, nem mesmo a água revolta, a morte ou a dor. Amigos que visitaram a nossa nova casa dizem que sentem a presença de Jack aqui. Ela oferece o bálsamo que procurávamos.

Da janela da nova cozinha, vejo crianças brincando na rua, mas, como nunca conheceram Jack, não tenho a impressão de que ele deveria estar lá fora com elas. Colocar tempo e espaço entre mim e os amigos de bairro de Jack me ajudou a suavizar o meu coração de um modo que não conseguia antes.

Tim pode chegar facilmente às suas trilhas de corrida daqui, permanecendo ativo do modo como Courtney mostrou Jack encorajando-o a fazer, e não é incomum para ele fazer mais de vinte quilômetros antes de Margaret e eu acordarmos num sábado. Além de lidar com o exercício, ele continua a aprofundar as relações com seus amigos. Ajuda-me sempre que preciso de um apoio extra com Margaret e ficou mais flexível ao lidarmos com o desconhecido.

Continuamos a lamentar a ausência da doce alma de Jack de nossa própria maneira, tanto juntos quanto separados. Na maior parte das manhãs, Tim faz as palavras cruzadas do *Washington Post*; em seguida, deixa-o em cima da mesa para que eu o leia. Se eu o iniciar, vou deixar algumas seções para ele, principalmente os assuntos de esportes e ciência. Somos muito bons em descobrir o que o outro necessita e quando, como a forma como nos revezamos para nos reerguer mutuamente nos dias difíceis. Nosso casamento ter sobrevivido — e continuará a sobreviver — a tal devastação parece uma espécie de milagre para mim, e não o subestimo. Cada dia é uma nova oportunidade para mostrarmos a manifestação da graça em nós.

Margaret está se saindo muito bem no universo do ensino médio em uma grande escola pública. Embora sinta falta do ambiente familiar de sua pequena escola de ensino fundamental, encontrou toneladas de novas pessoas que a conhecem por sua personalidade divertida, grande sorriso e mente ágil, e não apenas pela história de sua família. E, mesmo que não tenha me deixado jogar fora nada das coisas de Jack quando nos mudamos, sente-se confortável em nossa nova casa, com grande parte dos pertences dele ainda embalados.

Quando Margaret ficar mais velha que Jack, acredito que ele vai continuar sendo seu irmão mais velho, cuidando dela e animando-a, como sempre fez. Ele não está tão longe quanto pode parecer. Minhas preces a Margaret são para que, quando crescer, ela se lembre de que o mesmo Deus que lhe deu o conhecimento sobrenatural de que Jack iria morrer, e que enviou anjos para conduzi-la para longe do riacho, está sempre com ela, e que ela pode realizar grandes coisas com a força que Ele lhe dá. Como diz seu versículo bíblico especial: "Você é minha".

Logo após a morte de Jack, me encontrei com Paula, a esposa de um dos paramédicos que tentaram salvar Jack. Ela me disse que o meu exemplo de coragem e fé tinha inspirado as pessoas. "Por que elas acham que eu tenho uma fé tão forte? Minha fé é tão pequena!", comentei.

"Ela simplesmente flui de você, Anna", disse ela.

Percebo que há pouco que posso fazer ou não sobre o que flui de mim: se é dor crua, fé ou esperança inexplicável.

Pergunte-me numa quarta-feira e vou dizer que a morte de Jack faz parte do lindo plano de Deus para o mundo e que cada ação e cada segundo daquela terrível quinta-feira tinha que acontecer para que o plano fosse cumprido, embora meus olhos humanos estejam muito nublados para ver do que se trata. Pergunte-me na sexta-feira e vou dizer que vivemos em um mundo pecaminoso onde coisas ruins acontecem a pessoas boas e, embora um Deus que tudo sabe deixe isso acontecer com Jack — até mesmo nos dando um presságio do que estava por vir —, Ele não fez isso acontecer. Outros dias, não direi nada. Quero dizer: o que realmente sei?

Com certeza, não estou disposta a arrastar outras mães que sofrem para meus jogos mentais, enquanto testo uma ideia ou outra para ver se funciona. Não vou dizer a uma mãe cujo filho do primeiro ano foi morto a tiros em uma sala de aula que isso era parte do plano de Deus. Posso visitar esses pensamentos em relação à morte de Jack um dia ou outro, mas me recuso a chegar a essas conclusões por qualquer outra pessoa.

E é complicado. Porque pessoas feridas querem entender; queremos saber o por quê. Mas não queremos que as pessoas cheguem a conclusões *por* nós, alimentando-nos com respostas pouco nítidas de como a vontade de Deus é e de como Sua mente e coração trabalham. Não, obrigado.

Acho que a única coisa certa para mim agora é que o Deus pequeno que eu seguia antes, aquele que eu secretamente acreditei que pouparia minha família da dor se eu não pedisse demais ou almejasse muito, de alguma forma, não é grande o suficiente para me carregar agora.

Aquele pequeno Deus não é o único que me conforta quando me desespero. Não, agora é um grande Deus, cuja voz amorosa me lembra minha mãe, que sussurra suavemente para mim: "Eu sei, Anna. Eu sei, querida. Eu sei".

Entendo agora que não há nenhuma maneira de obter um A em tristeza. Posso apenas ser honesta sobre meus sentimentos, tentar conviver com leveza a respeito de outros, e, quando ficar muito difícil, posso me dar uma pequena pausa e encontrar um pouco de espaço. Posso me comprometer a arrancar as sementes de amargura, pensando como a vida é injusta, quando elas brotarem de novo, e de novo, como fizeram nestas páginas. Posso decidir, a cada dia, confiar que Deus sabe o que está fazendo.

Aprendi a ser receptiva às misteriosas formas que Deus escolhe para revelar-Se, mesmo quando isso me faça sentir um pouco como o pai estranho que julguei tão rigidamente no primeiro livro sobre luto que li.

O que ainda estou aprendendo, principalmente, são novas maneiras de examinar o versículo bíblico favorito de Jack: "Pois nada é impossível para Deus". Jack usou esse versículo para incentivar a si mesmo a fazer coisas difíceis, apesar dos desafios da vida. Então, com o acidente, o versículo parecia zombar de mim. Para (mesmo com Ele) Deus, nada é impossível! Nosso precioso filho podia morrer! Finalmente, ele se revelou de uma terceira maneira: Deus pode dar conforto através de pássaros, arco-íris, sonhos, visões, nuvens e sinais. Por que cheguei a imaginar que um Deus santo não quisesse ou não pudesse utilizar esses meios para mostrar o Seu amor? Nada é impossível para Deus. E, enfim, tenho aprendido que, com Deus tão perto de mim na minha mágoa, o que achava ser impossível é possível, sobrevivendo e talvez, por fim, prosperando, apesar de perder o meu Jack.

Ao esvaziar o nosso escritório antes da mudança, acho uma nota que Tim escreveu para Jack quando ele tinha dois anos e meio. Tim planejou dar a ele quando fosse mais velho.

> *Outubro de 2001*
>
> *Jack,*
>
> *Todas as noites, líamos livros para você e orávamos juntos antes de você dormir. Por duas vezes neste mês, depois que oramos, você colocou suas mãos no meu rosto e disse: "Eu estou enchendo seu coração de vida". Não tenho certeza de onde você aprendeu isso, ou se inventou, mas foi muito comovente. Você, certamente, enche o meu coração de vida.*
>
> *Amor, papai*

Mesmo na morte, Jack continua a encher nossos corações de vida. Posso sentir isso. É o amor entre um pai e um filho que não pode ser apagado, suprimido ou roubado. É a esperança do céu — não um descanso eterno e chato, mas uma existência vibrante e com propósito em Deus, que continua a afetar o que está acontecendo aqui e agora.

Mesmo dois anos depois do acidente, continuo a ter surpresas. Difíceis, como as emboscadas do luto quando apenas escolho prosseguir, e todo o peso da nossa perda toma conta de mim. Como dói ouvir o som de uma banda de escola flutuando por entre as árvores e perceber que Jack nunca irá a um jogo de futebol da escola ou a um baile de boas-vindas.

E belas surpresas, como as duas gralhas-azuis que às vezes mergulham em direção ao nosso comedor, para se juntar ao bando de chapins, cardeais e pica-paus que parecem ter nos seguido da nossa antiga casa. Ou o pequeno pássaro marrom que voou em nossa cozinha, semana passada, pendurou-se no parapeito da janela por um tempo e depois saiu voando novamente.

AGRADECIMENTOS

Agradeço a Stacy Morrison e a Rebecca Gradinger, por me ajudarem a ver, mesmo quando as feridas ainda estavam tão abertas, que esta história poderia se tornar um livro. Obrigada, Heather Kopp, por ser a melhor doula de memórias por perto. Sua orientação e orações me ajudaram a seguir em frente, e nossa amizade é um dos frutos mais doces desta experiência. Obrigada, David Kopp, pela maneira gentil com que me incentivou, chamou-me de escritora e deu o suporte de que precisava. Heather e David, impossível este livro ter se tornado realidade sem vocês. E agradeço também a Nicci Jordan-Hubert, por me ajudar a encarar as coisas complicadas. E ainda a Stephanie Dolgoff, por me ajudar a confiar nos meus instintos e por me acalmar quando me sentia paralisada. Obrigada, Glennon Doyle Melton, por me encorajar a ser eu mesma.

Caros amigos Cindy Parker, Emmy Parker e Mariann Alicea, obrigada por me oferecerem refúgios seguros para escrever, chorar e assistir a uma TV ruim, e, principalmente, por deixar um garoto de olhos castanhos tocar seus corações.

Um enorme obrigada à comunidade do blog e aos leitores do *An Inch of Gray* que estavam lá por mim todos os dias, apesar do assunto doloroso. Vocês me deram motivos para continuar escrevendo. Vocês me ensinaram que amizades e comunhão verdadeiras geralmente ocorrem no meio da noite e através de uma tela de computador. Quero que saibam que o apoio de vocês teve um papel importante, não só para escrever este livro, mas principalmente para minha sobrevivência. Obrigada por compartilhar a vida e a história de vocês comigo. Para aqueles que pude conhecer pessoalmente e abraçar, foi uma honra. Quero muito conhecer os demais!

Obrigada às minhas "rochas" — os velhos e os novos amigos que estiveram ao meu lado —, seja por quarenta anos ou por três. A Cynthia, Meredith, Cindy, Jenn, Dawn, Jena e a muitas outras que tiveram um papel muito especial na minha cura — vocês sabem quem são.

Tim, Margaret e Liz, obrigada por tudo. Nem sempre compreendo esta vida, mas sou muito grata por fazer isso com vocês. Passamos pelas águas juntos, e elas não nos arrastaram. Caminhamos pelo fogo, e ele não nos consumiu. Se o que não nos mata nos fortalece, devemos ser gigantes agora! Amo vocês!

E agradeço a Jack, que me fez sentir como a melhor mãe do mundo, mesmo em meu pior momento. Obrigada por seu meu filho! Eu te amo! Sinto sua falta. E nunca esquecerei você.

QUER SABER MAIS SOBRE A LEYA?

Fique por dentro de nossos títulos, autores e lançamentos.

Curta a página da LeYa no Facebook, faça seu cadastro na aba *mailing* e tenha acesso a conteúdo exclusivo de nossos livros, capítulos antecipados, promoções e sorteios.

A LeYa também está presente no Twitter, Google+ e Skoob.

www.leya.com.br

 facebook.com/leyabrasil

 @leyabrasil

 instagram.com/editoraleya

 google.com/+LeYaBrasilSãoPaulo

 skoob.com.br/leya

1ª- edição   Maio 2015 *papel de miolo*   Pólen Bold 70 g/m²
papel de capa   Cartão Supremo 250 g/m²
tipografia   Sabon Lt Std
gráfica